THAÏ
VOCABULAIRE

POUR L'AUTOFORMATION

FRANÇAIS
THAÏ

Les mots les plus utiles
Pour enrichir votre vocabulaire et aiguiser
vos compétences linguistiques

5000 mots

Vocabulaire Français-Thaï pour l'autoformation - 5000 mots
Par Andrey Taranov

Les dictionnaires T&P Books ont pour but de vous aider à apprendre, à mémoriser et à réviser votre vocabulaire en langue étrangère. Ce dictionnaire thématique couvre tous les grands domaines du quotidien: l'économie, les sciences, la culture, etc ...

Acquérir du vocabulaire avec les dictionnaires thématiques T&P Books vous offre les avantages suivants:

- Les données d'origine sont regroupées de manière cohérente, ce qui vous permet une mémorisation lexicale optimale
- La présentation conjointe de mots ayant la même racine vous permet de mémoriser des groupes sémantiques entiers (plutôt que des mots isolés)
- Les sous-groupes sémantiques vous permettent d'associer les mots entre eux de manière logique, ce qui facilite votre consolidation du vocabulaire
- Votre maîtrise de la langue peut être évaluée en fonction du nombre de mots acquis

Copyright © 2018 T&P Books Publishing

Tous droits réservés. Sans permission écrite préalable des éditeurs, toute reproduction ou exploitation partielle ou intégrale de cet ouvrage est interdite, sous quelque forme et par quelque procédé (électronique ou mécanique) que ce soit, y compris la photocopie, l'enregistrement ou le recours à un système de stockage et de récupération des données.

T&P Books Publishing
www.tpbooks.com

ISBN: 978-1-78767-258-1

Ce livre existe également en format électronique.
Pour plus d'informations, veuillez consulter notre site: www.tpbooks.com ou rendez-vous sur ceux des grandes librairies en ligne.

VOCABULAIRE THAÏ POUR L'AUTOFORMATION
Dictionnaire thématique

Les dictionnaires T&P Books ont pour but de vous aider à apprendre, à mémoriser et à réviser votre vocabulaire en langue étrangère. Ce lexique présente, de façon thématique, plus de 5000 mots les plus fréquents de la langue.

- Ce livre comporte les mots les plus couramment utilisés
- Son usage est recommandé en complément de l'étude de toute autre méthode de langue
- Il répond à la fois aux besoins des débutants et à ceux des étudiants en langues étrangères de niveau avancé
- Il est idéal pour un usage quotidien, des séances de révision ponctuelles et des tests d'auto-évaluation
- Il vous permet de tester votre niveau de vocabulaire

Spécificités de ce dictionnaire thématique:

- Les mots sont présentés de manière sémantique, et non alphabétique
- Ils sont répartis en trois colonnes pour faciliter la révision et l'auto-évaluation
- Les groupes sémantiques sont divisés en sous-groupes pour favoriser l'apprentissage
- Ce lexique donne une transcription simple et pratique de chaque mot en langue étrangère

Ce dictionnaire comporte 155 thèmes, dont:

les notions fondamentales, les nombres, les couleurs, les mois et les saisons, les unités de mesure, les vêtements et les accessoires, les aliments et la nutrition, le restaurant, la famille et les liens de parenté, le caractère et la personnalité, les sentiments et les émotions, les maladies, la ville et la cité, le tourisme, le shopping, l'argent, la maison, le foyer, le bureau, la vie de bureau, l'import-export, le marketing, la recherche d'emploi, les sports, l'éducation, l'informatique, l'Internet, les outils, la nature, les différents pays du monde, les nationalités, et bien d'autres encore ...

TABLE DES MATIÈRES

Guide de prononciation	9
Abréviations	11

CONCEPTS DE BASE 12
Concepts de base. Partie 1 12

1. Les pronoms 12
2. Adresser des vœux. Se dire bonjour. Se dire au revoir 12
3. Comment s'adresser à quelqu'un 13
4. Les nombres cardinaux. Partie 1 13
5. Les nombres cardinaux. Partie 2 14
6. Les nombres ordinaux 15
7. Les nombres. Fractions 15
8. Les nombres. Opérations mathématiques 15
9. Les nombres. Divers 15
10. Les verbes les plus importants. Partie 1 16
11. Les verbes les plus importants. Partie 2 17
12. Les verbes les plus importants. Partie 3 18
13. Les verbes les plus importants. Partie 4 19
14. Les couleurs 20
15. Les questions 20
16. Les prépositions 21
17. Les mots-outils. Les adverbes. Partie 1 21
18. Les mots-outils. Les adverbes. Partie 2 23

Concepts de base. Partie 2 25

19. Les jours de la semaine 25
20. Les heures. Le jour et la nuit 25
21. Les mois. Les saisons 26
22. Les unités de mesure 28
23. Les récipients 29

L'HOMME 30
L'homme. Le corps humain 30

24. La tête 30
25. Le corps humain 31

Les vêtements & les accessoires 32

26. Les vêtements d'extérieur 32
27. Men's & women's clothing 32

28.	Les sous-vêtements	33
29.	Les chapeaux	33
30.	Les chaussures	33
31.	Les accessoires personnels	34
32.	Les vêtements. Divers	34
33.	L'hygiène corporelle. Les cosmétiques	35
34.	Les montres. Les horloges	36

Les aliments. L'alimentation — 37

35.	Les aliments	37
36.	Les boissons	38
37.	Les légumes	39
38.	Les fruits. Les noix	40
39.	Le pain. Les confiseries	41
40.	Les plats cuisinés	41
41.	Les épices	42
42.	Les repas	43
43.	Le dressage de la table	44
44.	Le restaurant	44

La famille. Les parents. Les amis — 45

45.	Les données personnelles. Les formulaires	45
46.	La famille. Les liens de parenté	45

La médecine — 47

47.	Les maladies	47
48.	Les symptômes. Le traitement. Partie 1	48
49.	Les symptômes. Le traitement. Partie 2	49
50.	Les symptômes. Le traitement. Partie 3	50
51.	Les médecins	51
52.	Les médicaments. Les accessoires	51

L'HABITAT HUMAIN — 53
La ville — 53

53.	La ville. La vie urbaine	53
54.	Les institutions urbaines	54
55.	Les enseignes. Les panneaux	55
56.	Les transports en commun	56
57.	Le tourisme	57
58.	Le shopping	58
59.	L'argent	59
60.	La poste. Les services postaux	60

Le logement. La maison. Le foyer — 61

61.	La maison. L'électricité	61

62.	La villa et le manoir	61
63.	L'appartement	61
64.	Les meubles. L'intérieur	62
65.	La literie	63
66.	La cuisine	63
67.	La salle de bains	64
68.	Les appareils électroménagers	65

LES ACTIVITÉS HUMAINS 66
Le travail. Les affaires. Partie 1 66

69.	Le bureau. La vie de bureau	66
70.	Les processus d'affaires. Partie 1	67
71.	Les processus d'affaires. Partie 2	68
72.	L'usine. La production	69
73.	Le contrat. L'accord	70
74.	L'importation. L'exportation	71
75.	La finance	71
76.	La commercialisation. Le marketing	72
77.	La publicité	73
78.	Les opérations bancaires	73
79.	Le téléphone. La conversation téléphonique	74
80.	Le téléphone portable	75
81.	La papeterie	75
82.	Les types d'activités économiques	76

Le travail. Les affaires. Partie 2 78

83.	Les foires et les salons	78
84.	La recherche scientifique et les chercheurs	79

Les professions. Les métiers 81

85.	La recherche d'emploi. Le licenciement	81
86.	Les hommes d'affaires	81
87.	Les métiers des services	83
88.	Les professions militaires et leurs grades	83
89.	Les fonctionnaires. Les prêtres	84
90.	Les professions agricoles	85
91.	Les professions artistiques	85
92.	Les différents métiers	86
93.	Les occupations. Le statut social	87

L'éducation 88

94.	L'éducation	88
95.	L'enseignement supérieur	89
96.	Les disciplines scientifiques	90
97.	Le système d'écriture et l'orthographe	90
98.	Les langues étrangères	91

Les loisirs. Les voyages	93
99. Les voyages. Les excursions	93
100. L'hôtel	93

LE MATÉRIEL TECHNIQUE. LES TRANSPORTS	95
Le matériel technique	95
101. L'informatique	95
102. L'Internet. Le courrier électronique	96
103. L'électricité	97
104. Les outils	97

Les transports	100
105. L'avion	100
106. Le train	101
107. Le bateau	102
108. L'aéroport	103

Les grands événements de la vie	105
109. Les fêtes et les événements	105
110. L'enterrement. Le deuil	106
111. La guerre. Les soldats	106
112. La guerre. Partie 1	108
113. La guerre. Partie 2	109
114. Les armes	110
115. Les hommes préhistoriques	112
116. Le Moyen Âge	113
117. Les dirigeants. Les responsables. Les autorités	114
118. Les crimes. Les criminels. Partie 1	115
119. Les crimes. Les criminels. Partie 2	116
120. La police. La justice. Partie 1	117
121. La police. La justice. Partie 2	119

LA NATURE	121
La Terre. Partie 1	121
122. L'espace cosmique	121
123. La Terre	122
124. Les quatre parties du monde	123
125. Les océans et les mers	123
126. Les noms des mers et des océans	124
127. Les montagnes	125
128. Les noms des chaînes de montagne	126
129. Les fleuves	126
130. Les noms des fleuves	127
131. La forêt	127
132. Les ressources naturelles	128

La Terre. Partie 2 130

133. Le temps 130
134. Les intempéries. Les catastrophes naturelles 131

La faune 132

135. Les mammifères. Les prédateurs 132
136. Les animaux sauvages 132
137. Les animaux domestiques 133
138. Les oiseaux 134
139. Les poissons. Les animaux marins 136
140. Les amphibiens. Les reptiles 136
141. Les insectes 137

La flore 138

142. Les arbres 138
143. Les arbustes 139
144. Les fruits. Les baies 139
145. Les fleurs. Les plantes 140
146. Les céréales 141

LES PAYS DU MONDE. LES NATIONALITÉS 142

147. L'Europe de l'Ouest 142
148. L'Europe Centrale et l'Europe de l'Est 142
149. Les pays de l'ex-U.R.S.S. 143
150. L'Asie 143
151. L'Amérique du Nord 144
152. L'Amérique Centrale et l'Amérique du Sud 144
153. L'Afrique 145
154. L'Australie et Océanie 145
155. Les grandes villes 145

GUIDE DE PRONONCIATION

Alphabet phonétique T&P	Exemple en thaï	Exemple en français

Voyelles

[a]	ห้า [hâ:] – hâa	classe
[e]	เป็นลม [pen lom] – bpen lom	équipe
[i]	วินัย [wiʔ naj] – wí–nai	stylo
[o]	โกน [ko:n] – gohn	normal
[u]	ขุนเคือง [kʰùn kʰɯ:aŋ] – khùn kheuang	boulevard
[aa]	ราคา [ra: kʰa:] – raa–khaa	camarade
[oo]	ภูมิใจ [pʰu:m tɕaj] – phoom jai	tour
[ee]	บัญชี [ban tɕʰi:] – ban–chee	industrie
[eu]	เดือน [dɯ:an] – deuan	Une sorte de long schwa [ə]
[er]	เงิน [ŋɤn] – ngern	Comme [o] sans arrondir les lèvres
[ae]	แปล [plɛ:] – bplae	hacker
[ay]	เลข [le:k] – lâyk	aller
[ai]	ไป [paj] – bpai	maillot
[oi]	โพย [pʰo:j] – phoi	coyote
[ya]	สัญญา [sǎn ja:] – sǎn–yaa	caviar
[oie]	อบเชย [ʔòp tɕʰɤ:j] – òp–choie	Combinaison [ə:i]
[ieo]	หน้าเชียว [nâ: si:aw] – nâa sieow	KIA (auto)

Consonnes initiales

[b]	บาง [ba:ŋ] – baang	bureau
[d]	สีแดง [sǐ: dɛ:ŋ] – sěe daeng	document
[f]	มันฝรั่ง [man fà ràŋ] – man fà–ràng	formule
[h]	เฮลซิงกิ [he:n siŋ kiʔ] – hayn–sing–gì	[h] aspiré
[y]	ยี่สิบ [jî: sìp] – yêe sìp	maillot
[g]	กรง [kroŋ] – grorng	gris
[kh]	เลขา [le: kʰǎ:] – lay–khǎa	[k] aspiré
[l]	เล็ก [lék] – lék	vélo
[m]	เมลอน [me: lɔ:n] – may–lorn	minéral
[n]	หนัง [nǎŋ] – nǎng	ananas
[ng]	เงือก [ŋɯ:ak] – ngêuak	parking
[bp]	เป็น [pen] – bpen	panama
[ph]	เผา [pʰǎw] – phǎo	[p] aspiré
[r]	เบอรี่ [bɤ: rî:] – ber–rêe	racine, rouge
[s]	ซ่อน [sôn] – sôrn	syndicat
[dt]	ดนตรี [don tri:] – don–dtree	tennis

Alphabet phonétique T&P	Exemple en thaï	Exemple en français
[j]	ปั้นจั่น [pân tɕàn] – bpân jàn	Tchèque
[ch]	วิชา [wíʔ tɕʰaː] – wí–chaa	[tsch] aspiré
[th]	แถว [tʰɛːw] – thăe	[t] aspiré
[w]	เคียว [kʰiːaw] – khieow	iguane

Consonnes finales

[k]	แม่เหล็ก [mɛː lèk] – mâe lèk	bocal
[m]	เพิ่ม [pʰɤːm] – phêrm	minéral
[n]	เนียน [niːan] – nian	ananas
[ng]	เป็นห่วง [pen hùːaŋ] – bpen hùang	parking
[p]	ไม่ขยับ [mâj kʰà ja p] – mâi khà–yàp	panama
[t]	ลูกเป็ด [lûːk pèt] – lôok bpèt	tennis

Remarques

Ton égal - [ā] การดูน [gaan khon]
Ton bas - [à] แจกจ่าย [jàek jàai]
Ton descendant - [â] แต๋ม [dtâem]
Ton haut - [á] แซ็กโซโฟน [sáek-soh-fohn]
Ton montant - [ă] เนินเขา [nern khăo]

ABRÉVIATIONS
employées dans ce livre

Abréviations en français

adj	-	adjective
adv	-	adverbe
anim.	-	animé
conj	-	conjonction
dénombr.	-	dénombrable
etc.	-	et cetera
f	-	nom féminin
f pl	-	féminin pluriel
fam.	-	familiar
fem.	-	féminin
form.	-	formal
inanim.	-	inanimé
indénombr.	-	indénombrable
m	-	nom masculin
m pl	-	masculin pluriel
m, f	-	masculin, féminin
masc.	-	masculin
math	-	mathematics
mil.	-	militaire
pl	-	pluriel
prep	-	préposition
pron	-	pronom
qch	-	quelque chose
qn	-	quelqu'un
sing.	-	singulier
v aux	-	verbe auxiliaire
v imp	-	verbe impersonnel
vi	-	verbe intransitif
vi, vt	-	verbe intransitif, transitif
vp	-	verbe pronominal
vt	-	verbe transitif

CONCEPTS DE BASE

Concepts de base. Partie 1

1. Les pronoms

tu	คุณ	khun
il	เขา	khǎo
elle	เธอ	ther
ça	มัน	man
nous	เรา	rao
vous	คุณทั้งหลาย	khun tháng lǎai
vous (form., sing.)	คุณ	khun
vous (form., pl)	คุณทั้งหลาย	khun tháng lǎai
ils	เขา	khǎo
elles	เธอ	ther

2. Adresser des vœux. Se dire bonjour. Se dire au revoir

Bonjour! (fam.)	สวัสดี!	sà-wàt-dee
Bonjour! (form.)	สวัสดี ครับ/ค่ะ!	sà-wàt-dee khráp/khâ
Bonjour! (le matin)	อรุณสวัสดี!	a-run sà-wàt
Bonjour! (après-midi)	สวัสดีตอนบ่าย	sà-wàt-dee dtorn-bàai
Bonsoir!	สวัสดีตอนค่ำ	sà-wàt-dee dtorn-khâm
dire bonjour	ทักทาย	thák thaai
Salut!	สวัสดี!	sà-wàt-dee
salut (m)	คำทักทาย	kham thák thaai
saluer (vt)	ทักทาย	thák thaai
Comment allez-vous?	คุณสบายดีไหม?	khun sà-baai dee mǎi
Comment ça va?	สบายดีไหม?	sà-baai dee mǎi
Quoi de neuf?	มีอะไรใหม่?	mee à-rai mài
Au revoir! (form.)	ลาก่อน!	laa gòrn
Au revoir! (fam.)	บาย!	baai
À bientôt!	พบกันใหม่	phóp gan mài
Adieu! (fam.)	ลาก่อน!	laa gòrn
Adieu! (form.)	สวัสดี!	sà-wàt-dee
dire au revoir	บอกลา	bòrk laa
Salut! (À bientôt!)	ลาก่อน!	laa gòrn
Merci!	ขอบคุณ!	khòrp khun
Merci beaucoup!	ขอบคุณมาก!	khòrp khun mâak
Je vous en prie	ยินดีช่วย	yin dee chûay
Il n'y a pas de quoi	ไม่เป็นไร	mâi bpen rai

Pas de quoi	ไม่เป็นไร	mâi bpen rai
Excuse-moi!	ขอโทษที!	khǒr thôht thee
Excusez-moi!	ขอโทษ ครับ/ค่ะ!	khǒr thôht khráp / khâ
excuser (vt)	ให้อภัย	hâi a-phai

s'excuser (vp)	ขอโทษ	khǒr thôht
Mes excuses	ขอโทษ	khǒr thôht
Pardonnez-moi!	ขอโทษ!	khǒr thôht
pardonner (vt)	อภัย	a-phai
C'est pas grave	ไม่เป็นไร!	mâi bpen rai
s'il vous plaît	โปรด	bpròht

N'oubliez pas!	อย่าลืม!	yàa leum
Bien sûr!	แน่นอน!	nâe norn
Bien sûr que non!	ไม่ใช่แน่!	mâi châi nâe
D'accord!	โอเค!	oh-khay
Ça suffit!	พอแล้ว	phor láew

3. Comment s'adresser à quelqu'un

Excusez-moi!	ขอโทษ	khǒr thôht
monsieur	ท่าน	thâan
madame	คุณ	khun
madame (mademoiselle)	คุณ	khun
jeune homme	พ่อหนุ่ม	phôr nùm
petit garçon	หนู	nǒo
petite fille	หนู	nǒo

4. Les nombres cardinaux. Partie 1

zéro	ศูนย์	sǒon
un	หนึ่ง	nèung
deux	สอง	sǒrng
trois	สาม	sǎam
quatre	สี่	sèe

cinq	ห้า	hâa
six	หก	hòk
sept	เจ็ด	jèt
huit	แปด	bpàet
neuf	เก้า	gâo

dix	สิบ	sìp
onze	สิบเอ็ด	sìp èt
douze	สิบสอง	sìp sǒrng
treize	สิบสาม	sìp sǎam
quatorze	สิบสี่	sìp sèe

quinze	สิบห้า	sìp hâa
seize	สิบหก	sìp hòk
dix-sept	สิบเจ็ด	sìp jèt
dix-huit	สิบแปด	sìp bpàet

dix-neuf	สิบเก้า	sìp gâo
vingt	ยี่สิบ	yêe sìp
vingt et un	ยี่สิบเอ็ด	yêe sìp èt
vingt-deux	ยี่สิบสอง	yêe sìp sŏrng
vingt-trois	ยี่สิบสาม	yêe sìp săam
trente	สามสิบ	săam sìp
trente et un	สามสิบเอ็ด	săam-sìp-èt
trente-deux	สามสิบสอง	săam-sìp-sŏrng
trente-trois	สามสิบสาม	săam-sìp-săam
quarante	สี่สิบ	sèe sìp
quarante et un	สี่สิบเอ็ด	sèe-sìp-èt
quarante-deux	สี่สิบสอง	sèe-sìp-sŏrng
quarante-trois	สี่สิบสาม	sèe-sìp-săam
cinquante	ห้าสิบ	hâa sìp
cinquante et un	หาสิบเอ็ด	hâa-sìp-èt
cinquante-deux	หาสิบสอง	hâa-sìp-sŏrng
cinquante-trois	หาสิบสาม	hâa-sìp-săam
soixante	หกสิบ	hòk sìp
soixante et un	หกสิบเอ็ด	hòk-sìp-èt
soixante-deux	หกสิบสอง	hòk-sìp-sŏrng
soixante-trois	หกสิบสาม	hòk-sìp-săam
soixante-dix	เจ็ดสิบ	jèt sìp
soixante et onze	เจ็ดสิบเอ็ด	jèt-sìp-èt
soixante-douze	เจ็ดสิบสอง	jèt-sìp-sŏrng
soixante-treize	เจ็ดสิบสาม	jèt-sìp-săam
quatre-vingts	แปดสิบ	bpàet sìp
quatre-vingt et un	แปดสิบเอ็ด	bpàet-sìp-èt
quatre-vingt deux	แปดสิบสอง	bpàet-sìp-sŏrng
quatre-vingt trois	แปดสิบสาม	bpàet-sìp-săam
quatre-vingt-dix	เก้าสิบ	gâo sìp
quatre-vingt et onze	เก้าสิบเอ็ด	gâo-sìp-èt
quatre-vingt-douze	เก้าสิบสอง	gâo-sìp-sŏrng
quatre-vingt-treize	เกาสิบสาม	gâo-sìp-săam

5. Les nombres cardinaux. Partie 2

cent	หนึ่งร้อย	nèung rói
deux cents	สองรอย	sŏrng rói
trois cents	สาุมรอย	săam rói
quatre cents	สี่รอย	sèe rói
cinq cents	หารอย	hâa rói
six cents	หกร้อย	hòk rói
sept cents	เจ็ดรอย	jèt rói
huit cents	แปดรอย	bpàet rói
neuf cents	เการอย	gâo rói
mille	หนึ่งพัน	nèung phan

deux mille	สองพัน	sŏrng phan
trois mille	สามพัน	săam phan
dix mille	หนึ่งหมื่น	nèung mèun
cent mille	หนึ่งแสน	nèung săen
million (m)	ล้าน	láan
milliard (m)	พันล้าน	phan láan

6. Les nombres ordinaux

premier (adj)	แรก	râek
deuxième (adj)	ที่สอง	thêe sŏrng
troisième (adj)	ที่สาม	thêe săam
quatrième (adj)	ที่สี่	thêe sèe
cinquième (adj)	ที่ห้า	thêe hâa
sixième (adj)	ที่หก	thêe hòk
septième (adj)	ที่เจ็ด	thêe jèt
huitième (adj)	ที่แปด	thêe bpàet
neuvième (adj)	ที่เก้า	thêe gâo
dixième (adj)	ที่สิบ	thêe sìp

7. Les nombres. Fractions

fraction (f)	เศษส่วน	sàyt sùan
un demi	หนึ่งส่วนสอง	nèung sùan sŏrng
un tiers	หนึ่งส่วนสาม	nèung sùan săam
un quart	หนึ่งส่วนสี่	nèung sùan sèe
un huitième	หนึ่งส่วนแปด	nèung sùan bpàet
un dixième	หนึ่งส่วนสิบ	nèung sùan sìp
deux tiers	สองส่วนสาม	sŏrng sùan săam
trois quarts	สามส่วนสี่	săam sùan sèe

8. Les nombres. Opérations mathématiques

soustraction (f)	การลบ	gaan lóp
soustraire (vt)	ลบ	lóp
division (f)	การหาร	gaan hăan
diviser (vt)	หาร	hăan
addition (f)	การบวก	gaan bùak
additionner (vt)	บวก	bùak
ajouter (vt)	เพิ่ม	phêrm
multiplication (f)	การคูณ	gaan khon
multiplier (vt)	คูณ	khoon

9. Les nombres. Divers

chiffre (m)	ตัวเลข	dtua lâyk
nombre (m)	เลข	lâyk

adjectif (m) numéral	ตัวเลข	dtua lâyk
moins (m)	เครื่องหมายลบ	khrêuang măai lóp
plus (m)	เครื่องหมายบวก	khrêuang măai bùak
formule (f)	สูตร	sòot
calcul (m)	การนับ	gaan náp
compter (vt)	นับ	náp
calculer (vt)	นับ	náp
comparer (vt)	เปรียบเทียบ	bprìap thîap
Combien? (indénombr.)	เท่าไหร่?	thâo rài
Combien? (dénombr.)	กี่...?	gèe...?
somme (f)	ผลรวม	phŏn ruam
résultat (m)	ผลลัพธ์	phŏn láp
reste (m)	ที่เหลือ	thêe lĕua
quelques ...	สองสาม	sŏrng săam
peu de ...	นิดหนอย	nít nòi
peu de ... (dénombr.)	นอย	nói
reste (m)	ที่เหลือ	thêe lĕua
un et demi	หนึ่งครึ่ง	nèung khrêung
douzaine (f)	โหล	lŏh
en deux (adv)	เป็นสองส่วน	bpen sŏrng sùan
en parties égales	เท่าเทียมกัน	thâo thiam gan
moitié (f)	ครึ่ง	khrêung
fois (f)	ครั้ง	khráng

10. Les verbes les plus importants. Partie 1

aider (vt)	ช่วย	chûay
aimer (qn)	รัก	rák
aller (à pied)	ไป	bpai
apercevoir (vt)	สังเกต	săng-gàyt
appartenir à ...	เป็นของของ...	bpen khŏrng khŏrng...
appeler (au secours)	เรียก	rîak
attendre (vt)	รอ	ror
attraper (vt)	จับ	jàp
avertir (vt)	เตือน	dteuan
avoir (vt)	มี	mee
avoir confiance	เชื่อ	chêua
avoir faim	หิว	hĭw
avoir peur	กลัว	glua
avoir soif	กระหายน้ำ	grà-hăai náam
cacher (vt)	ซ่อน	sôrn
casser (briser)	แตก	dtàek
cesser (vt)	หยุด	yùt
changer (vt)	เปลี่ยน	bplìan
chasser (animaux)	ล่า	lâa

chercher (vt)	หา	hăa
choisir (vt)	เลือก	lêuak
commander (~ le menu)	สั่ง	sàng
commencer (vt)	เริ่ม	rêrm
comparer (vt)	เปรียบเทียบ	bprìap thîap
comprendre (vt)	เข้าใจ	khâo jai
compter (dénombrer)	นับ	náp
compter sur …	พึ่งพา	phêung phaa
confondre (vt)	สับสน	sàp sŏn
connaître (qn)	รู้จัก	róo jàk
conseiller (vt)	แนะนำ	náe nam
continuer (vt)	ทำต่อไป	tham dtòr bpai
contrôler (vt)	ควบคุม	khûap khum
courir (vi)	วิ่ง	wîng
coûter (vt)	ราคา	raa-khaa
créer (vt)	สร้าง	sâang
creuser (vt)	ขุด	khùt
crier (vi)	ตะโกน	dtà-gohn

11. Les verbes les plus importants. Partie 2

décorer (~ la maison)	ประดับ	bprà-dàp
défendre (vt)	ปกป้อง	bpòk bpôrng
déjeuner (vi)	ทานอาหารเที่ยง	thaan aa-hăan thîang
demander (~ l'heure)	ถาม	thăam
demander (de faire qch)	ขอ	khŏr
descendre (vi)	ลง	long
deviner (vt)	คาดเดา	khâat dao
dîner (vi)	ทานอาหารเย็น	thaan aa-hăan yen
dire (vt)	บอก	bòrk
diriger (~ une usine)	บริหาร	bor-rí-hăan
discuter (vt)	หารือ	hăa-reu
donner (vt)	ให้	hâi
donner un indice	บอกใบ้	bòrk bâi
douter (vt)	สงสัย	sŏng-săi
écrire (vt)	เขียน	khĭan
entendre (bruit, etc.)	ได้ยิน	dâai yin
entrer (vi)	เข้า	khâo
envoyer (vt)	ส่ง	sòng
espérer (vi)	หวัง	wăng
essayer (vt)	พยายาม	phá-yaa-yaam
être (vi)	เป็น	bpen
être d'accord	เห็นด้วย	hĕn dûay
être nécessaire	ต้องการ	dtôrng gaan
être pressé	รีบ	rêep
étudier (vt)	เรียน	rian
excuser (vt)	ให้อภัย	hâi a-phai

exiger (vt)	เรียกร้อง	rîak rórng
exister (vi)	มีอยู่	mee yòo
expliquer (vt)	อธิบาย	à-thí-baai
faire (vt)	ทำ	tham
faire tomber	ทิ้งให้ตก	thíng hâi dtòk
finir (vt)	จบ	jòp
garder (conserver)	รักษา	rák-săa
gronder, réprimander (vt)	ดุด่า	dù dàa
informer (vt)	แจ้ง	jâeng
insister (vi)	ยืนยัน	yeun yan
insulter (vt)	ดูถูก	doo thòok
inviter (vt)	เชิญ	chern
jouer (s'amuser)	เล่น	lên

12. Les verbes les plus importants. Partie 3

libérer (ville, etc.)	ปลดปล่อย	bplòt bplòi
lire (vi, vt)	อ่าน	àan
louer (prendre en location)	เช่า	châo
manquer (l'école)	พลาด	phlâat
menacer (vt)	ขู่	khòo
mentionner (vt)	กล่าวถึง	glàao thĕung
montrer (vt)	แสดง	sà-daeng
nager (vi)	ว่ายน้ำ	wâai náam
objecter (vt)	ค้าน	kháan
observer (vt)	สังเกตการณ์	săng-gàyt gaan
ordonner (mil.)	สั่งการ	sàng gaan
oublier (vt)	ลืม	leum
ouvrir (vt)	เปิด	bpèrt
pardonner (vt)	ให้อภัย	hâi a-phai
parler (vi, vt)	พูด	phôot
participer à ...	มีส่วนร่วม	mee sùan rûam
payer (régler)	จ่าย	jàai
penser (vi, vt)	คิด	khít
permettre (vt)	อนุญาต	a-nú-yâat
plaire (être apprécié)	ชอบ	chôrp
plaisanter (vi)	ล้อเล่น	lór lên
planifier (vt)	วางแผน	waang phăen
pleurer (vi)	ร้องไห้	rórng hâi
posséder (vt)	เป็นเจ้าของ	bpen jâo khŏrng
pouvoir (v aux)	สามารถ	săa-mâat
préférer (vt)	ชอบ	chôrp
prendre (vt)	เอา	ao
prendre en note	จด	jòt
prendre le petit déjeuner	ทานอาหารเช้า	thaan aa-hăan cháo
préparer (le dîner)	ทำอาหาร	tham aa-hăan
prévoir (vt)	คาดหวัง	khâat wăng

prier (~ Dieu)	ภาวนา	phaa-wá-naa
promettre (vt)	สัญญา	sǎn-yaa
prononcer (vt)	ออกเสียง	òrk sǐang
proposer (vt)	เสนอ	sà-něr
punir (vt)	ลงโทษ	long thôht

13. Les verbes les plus importants. Partie 4

recommander (vt)	แนะนำ	náe nam
regretter (vt)	เสียใจ	sǐa jai
répéter (dire encore)	ซ้ำ	sám
répondre (vi, vt)	ตอบ	dtòrp
réserver (une chambre)	จอง	jorng
rester silencieux	นิ่งเงียบ	nîng ngîap
réunir (regrouper)	สมาน	sà-mǎan
rire (vi)	หัวเราะ	hǔa rór
s'arrêter (vp)	หยุด	yùt
s'asseoir (vp)	นั่ง	nâng
sauver (la vie à qn)	กู้	gôo
savoir (qch)	รู้	róo
se baigner (vp)	ไปว่ายน้ำ	bpai wâai náam
se plaindre (vp)	บ่น	bòn
se refuser (vp)	ปฏิเสธ	bpà-dtì-sàyt
se tromper (vp)	ทำผิด	tham phìt
se vanter (vp)	โอ้อวด	ôh ùat
s'étonner (vp)	ประหลาดใจ	bprà-làat jai
s'excuser (vp)	ขอโทษ	khǒr thôht
signer (vt)	ลงนาม	long naam
signifier (vt)	หมาย	mǎai
s'intéresser (vp)	สนใจใน	sǒn jai nai
sortir (aller dehors)	ออกไป	òrk bpai
sourire (vi)	ยิ้ม	yím
sous-estimer (vt)	ดูถูก	doo thòok
suivre ... (suivez-moi)	ไปตาม...	bpai dtaam...
tirer (vi)	ยิง	ying
tomber (vi)	ตก	dtòk
toucher (avec les mains)	แตะต้อง	dtàe dtôrng
tourner (~ à gauche)	เลี้ยว	líeow
traduire (vt)	แปล	bplae
travailler (vi)	ทำงาน	tham ngaan
tromper (vt)	หลอก	lòrk
trouver (vt)	พบ	phóp
tuer (vt)	ฆ่า	khâa
vendre (vt)	ขาย	khǎai
venir (vi)	มา	maa
voir (vt)	เห็น	hěn
voler (avion, oiseau)	บิน	bin

voler (qch à qn)	ขโมย	khà-moi
vouloir (vt)	ต้องการ	dtôrng gaan

14. Les couleurs

couleur (f)	สี	sĕe
teinte (f)	สีอ่อน	sĕe òrn
ton (m)	สีสัน	sĕe săn
arc-en-ciel (m)	สายรุ้ง	săai rúng
blanc (adj)	สีขาว	sĕe khăao
noir (adj)	สีดำ	sĕe dam
gris (adj)	สีเทา	sĕe thao
vert (adj)	สีเขียว	sĕe khĭeow
jaune (adj)	สีเหลือง	sĕe lĕuang
rouge (adj)	สีแดง	sĕe daeng
bleu (adj)	สีน้ำเงิน	sĕe nám ngern
bleu clair (adj)	สีฟ้า	sĕe fáa
rose (adj)	สีชมพู	sĕe chom-poo
orange (adj)	สีส้ม	sĕe sôm
violet (adj)	สีม่วง	sĕe mûang
brun (adj)	สีน้ำตาล	sĕe nám dtaan
d'or (adj)	สีทอง	sĕe thorng
argenté (adj)	สีเงิน	sĕe ngern
beige (adj)	สีน้ำตาลอ่อน	sĕe nám dtaan òrn
crème (adj)	สีครีม	sĕe khreem
turquoise (adj)	สีเขียวแกมน้ำเงิน	sĕe khĭeow gaem náam ngern
rouge cerise (adj)	สีแดงเชอร์รี่	sĕe daeng cher-rêe
lilas (adj)	สีม่วงอ่อน	sĕe mûang-òrn
framboise (adj)	สีแดงเข้ม	sĕe daeng khâym
clair (adj)	อ่อน	òrn
foncé (adj)	แก่	gàe
vif (adj)	สด	sòt
de couleur (adj)	สี	sĕe
en couleurs (adj)	สี	sĕe
noir et blanc (adj)	ขาวดำ	khăao-dam
unicolore (adj)	สีเดียว	sĕe dieow
multicolore (adj)	หลากสี	làak sĕe

15. Les questions

Qui?	ใคร?	khrai
Quoi?	อะไร?	a-rai
Où? (~ es-tu?)	ที่ไหน?	thêe năi
Où? (~ vas-tu?)	ที่ไหน?	thêe năi

D'où?	จากที่ไหน?	jàak thêe năi
Quand?	เมื่อไหร?	mêua rài
Pourquoi? (~ es-tu venu?)	ทำไม?	tham-mai
Pourquoi? (~ t'es pâle?)	ทำไม?	tham-mai
À quoi bon?	เพื่ออะไร?	phêua a-rai
Comment?	อย่างไร?	yàang rai
Quel? (à ~ prix?)	อะไร?	a-rai
Lequel?	ไหน?	năi
À qui? (pour qui?)	สำหรับใคร?	săm-ràp khrai
De qui?	เกี่ยวกับใคร?	gìeow gàp khrai
De quoi?	เกี่ยวกับอะไร?	gìeow gàp a-rai
Avec qui?	กับใคร?	gàp khrai
Combien? (dénombr.)	กี่...?	gèe...?
Combien? (indénombr.)	เท่าไหร่?	thâo rài
À qui? (~ est ce livre?)	ของใคร?	khŏrng khrai

16. Les prépositions

avec (~ toi)	กับ	gàp
sans (~ sucre)	ปราศจาก	bpràat-sà-jàak
à (aller ~ ...)	ไปที่	bpai thêe
de (au sujet de)	เกี่ยวกับ	gìeow gàp
avant (~ midi)	ก่อน	gòrn
devant (~ la maison)	หน้า	nâa
sous (~ la commode)	ใต้	dtâi
au-dessus de ...	เหนือ	nĕua
sur (dessus)	บน	bon
de (venir ~ Paris)	จาก	jàak
en (en bois, etc.)	ทำใช้	tham chái
dans (~ deux heures)	ใน	nai
par dessus	ข้าม	khâam

17. Les mots-outils. Les adverbes. Partie 1

Où? (~ es-tu?)	ที่ไหน?	thêe năi
ici (c'est ~)	ที่นี่	thêe nêe
là-bas (c'est ~)	ที่นั่น	thêe nân
quelque part (être)	ที่ใดที่หนึ่ง	thêe dai thêe nèung
nulle part (adv)	ไม่มีที่ไหน	mâi mee thêe năi
près de ...	ข้าง	khâang
près de la fenêtre	ข้างหน้าต่าง	khâang nâa dtàang
Où? (~ vas-tu?)	ที่ไหน?	thêe năi
ici (Venez ~)	ที่นี่	thêe nêe
là-bas (j'irai ~)	ที่นั่น	thêe nân

d'ici (adv)	จากที่นี่	jàak thêe nêe
de là-bas (adv)	จากที่นั่น	jàak thêe nân
près (pas loin)	ใกล้	glâi
loin (adv)	ไกล	glai
près de (~ Paris)	ใกล้	glâi
tout près (adv)	ใกล้ๆ	glâi glâi
pas loin (adv)	ไม่ไกล	mâi glai
gauche (adj)	ซ้าย	sáai
à gauche (être ~)	ทางซ้าย	khâang sáai
à gauche (tournez ~)	ซ้าย	sáai
droit (adj)	ขวา	khwǎa
à droite (être ~)	ทางขวา	khâang kwǎa
à droite (tournez ~)	ขวา	khwǎa
devant (adv)	ข้างหน้า	khâang nâa
de devant (adj)	หน้า	nâa
en avant (adv)	หน้า	nâa
derrière (adv)	ข้างหลัง	khâang lǎng
par derrière (adv)	จากข้างหลัง	jàak khâang lǎng
en arrière (regarder ~)	หลัง	lǎng
milieu (m)	กลาง	glaang
au milieu (adv)	ตรงกลาง	dtrorng glaang
de côté (vue ~)	ข้าง	khâang
partout (adv)	ทุกที่	thúk thêe
autour (adv)	รอบ	rôrp
de l'intérieur	จากข้างใน	jàak khâang nai
quelque part (aller)	ที่ไหน	thêe nǎi
tout droit (adv)	ตรงไป	dtrorng bpai
en arrière (revenir ~)	กลับ	glàp
de quelque part (n'import d'où)	จากที่ใด	jàak thêe dai
de quelque part (on ne sait pas d'où)	จากที่ใด	jàak thêe dai
premièrement (adv)	ข้อที่หนึ่ง	khôr thêe nèung
deuxièmement (adv)	ข้อที่สอง	khôr thêe sǒrng
troisièmement (adv)	ข้อที่สาม	khôr thêe sǎam
soudain (adv)	ในทันที	nai than thee
au début (adv)	ตอนแรก	dtorn-râek
pour la première fois	เป็นครั้งแรก	bpen khráng râek
bien avant ...	นานก่อน	naan gòrn
de nouveau (adv)	ใหม่	mài
pour toujours (adv)	ให้จบสิ้น	hâi jòp sîn
jamais (adv)	ไม่เคย	mâi khoie
de nouveau, encore (adv)	อีกครั้งหนึ่ง	èek khráng nèung

maintenant (adv)	ตอนนี้	dtorn-née
souvent (adv)	บ่อย	bòi
alors (adv)	เวลานั้น	way-laa nán
d'urgence (adv)	อย่างเร่งด่วน	yàang râyng dùan
d'habitude (adv)	มักจะ	mák jà
à propos, ...	อนึ่ง	à-nèung
c'est possible	เป็นไปได้	bpen bpai dâai
probablement (adv)	อาจจะ	àat jà
peut-être (adv)	อาจจะ	àat jà
en plus, ...	นอกจากนั้น...	nôrk jàak nán...
c'est pourquoi ...	นั้นเป็นเหตุผลที่...	nân bpen hàyt phŏn thêe...
malgré ...	แม้ว่า...	máe wâa...
grâce à ...	เนื่องจาก...	nêuang jàak...
quoi (pron)	อะไร	a-rai
que (conj)	ที่	thêe
quelque chose (Il m'est arrivé ~)	อะไร	a-rai
quelque chose (peut-on faire ~)	อะไรก็ตาม	a-rai gôr dtaam
rien (m)	ไม่มีอะไร	mâi mee a-rai
qui (pron)	ใคร	khrai
quelqu'un (on ne sait pas qui)	บางคน	baang khon
quelqu'un (n'importe qui)	บางคน	baang khon
personne (pron)	ไม่มีใคร	mâi mee khrai
nulle part (aller ~)	ไม่ไปไหน	mâi bpai năi
de personne	ไม่เป็นของของใคร	mâi bpen khŏrng khŏrng khrai
de n'importe qui	ของคนหนึ่ง	khŏrng khon nèung
comme ça (adv)	มาก	mâak
également (adv)	ด้วย	dûay
aussi (adv)	ด้วย	dûay

18. Les mots-outils. Les adverbes. Partie 2

Pourquoi?	ทำไม?	tham-mai
pour une certaine raison	เพราะเหตุผลอะไร	phrór hàyt phŏn à-rai
parce que ...	เพราะว่า...	phrór wâa
pour une raison quelconque	ด้วยจุดประสงค์อะไร	dûay jùt bprà-sŏng a-rai
et (conj)	และ	láe
ou (conj)	หรือ	rĕu
mais (conj)	แต่	dtàe
pour ... (prep)	สำหรับ	săm-ràp
trop (adv)	เกินไป	gern bpai
seulement (adv)	เท่านั้น	thâo nán
précisément (adv)	ตรง	dtrorng
près de ... (prep)	ประมาณ	bprà-maan
approximativement	ประมาณ	bprà-maan

approximatif (adj)	ประมาณ	bprà-maan
presque (adv)	เกือบ	gèuap
reste (m)	ที่เหลือ	thêe lĕua
l'autre (adj)	อีก	èek
autre (adj)	อื่น	èun
chaque (adj)	ทุก	thúk
n'importe quel (adj)	ใดๆ	dai dai
beaucoup de (dénombr.)	หลาย	lăai
beaucoup de (indénombr.)	มาก	mâak
plusieurs (pron)	หลายคน	lăai khon
tous	ทุกๆ	thúk thúk
en échange de …	ที่จะเปลี่ยนเป็น	thêe jà bplìan bpen
en échange (adv)	แทน	thaen
à la main (adv)	ใช้มือ	chái meu
peu probable (adj)	แทบจะไม่	thâep jà mâi
probablement (adv)	อาจจะ	àat jà
exprès (adv)	โดยเจตนา	doi jàyt-dtà-naa
par accident (adv)	บังเอิญ	bang-ern
très (adv)	มาก	mâak
par exemple (adv)	ยกตัวอย่าง	yók dtua yàang
entre (prep)	ระหว่าง	rá-wàang
parmi (prep)	ท่ามกลาง	tâam-glaang
autant (adv)	มากมาย	mâak maai
surtout (adv)	โดยเฉพาะ	doi chà-phór

Concepts de base. Partie 2

19. Les jours de la semaine

lundi (m)	วันจันทร์	wan jan
mardi (m)	วันอังคาร	wan ang-khaan
mercredi (m)	วันพุธ	wan phút
jeudi (m)	วันพฤหัสบดี	wan phá-réu-hàt-sà-bor-dee
vendredi (m)	วันศุกร์	wan sùk
samedi (m)	วันเสาร์	wan săo
dimanche (m)	วันอาทิตย์	wan aa-thít
aujourd'hui (adv)	วันนี้	wan née
demain (adv)	พรุ่งนี้	phrûng-née
après-demain (adv)	วันมะรืนนี้	wan má-reun née
hier (adv)	เมื่อวานนี้	mêua waan née
avant-hier (adv)	เมื่อวานซืนนี้	mêua waan-seun née
jour (m)	วัน	wan
jour (m) ouvrable	วันทำงาน	wan tham ngaan
jour (m) férié	วันนักขัตฤกษ์	wan nák-khàt-rêrk
jour (m) de repos	วันหยุด	wan yùt
week-end (m)	วันสุดสัปดาห์	wan sùt sàp-daa
toute la journée	ทั้งวัน	tháng wan
le lendemain	วันรุ่งขึ้น	wan rûng khêun
il y a 2 jours	สองวันก่อน	sŏrng wan gòrn
la veille	วันก่อนหน้านี้	wan gòrn nâa née
quotidien (adj)	รายวัน	raai wan
tous les jours	ทุกวัน	thúk wan
semaine (f)	สัปดาห์	sàp-daa
la semaine dernière	สัปดาห์ก่อน	sàp-daa gòrn
la semaine prochaine	สัปดาห์หน้า	sàp-daa nâa
hebdomadaire (adj)	รายสัปดาห์	raai sàp-daa
chaque semaine	ทุกสัปดาห์	thúk sàp-daa
2 fois par semaine	สัปดาห์ละสองครั้ง	sàp-daa lá sŏrng khráng
tous les mardis	ทุกวันอังคาร	túk wan ang-khaan

20. Les heures. Le jour et la nuit

matin (m)	เช้า	cháo
le matin	ตอนเช้า	dtorn cháo
midi (m)	เที่ยงวัน	thîang wan
dans l'après-midi	ตอนบ่าย	dtorn bàai
soir (m)	เย็น	yen
le soir	ตอนเย็น	dtorn yen

nuit (f)	คืน	kheun
la nuit	กลางคืน	glaang kheun
minuit (f)	เที่ยงคืน	thîang kheun
seconde (f)	วินาที	wí-naa-thee
minute (f)	นาที	naa-thee
heure (f)	ชั่วโมง	chûa mohng
demi-heure (f)	ครึ่งชั่วโมง	khrêung chûa mohng
un quart d'heure	สิบห้านาที	sìp hâa naa-thee
quinze minutes	สิบห้านาที	sìp hâa naa-thee
vingt-quatre heures	24 ชั่วโมง	yêe sìp sèe · chûa mohng
lever (m) du soleil	พระอาทิตย์ขึ้น	phrá aa-thít khêun
aube (f)	ใกล้รุ่ง	glâi rûng
point (m) du jour	เช้า	cháo
coucher (m) du soleil	พระอาทิตย์ตก	phrá aa-thít dtòk
tôt le matin	ตอนเช้า	dtorn cháo
ce matin	เช้านี้	cháo née
demain matin	พรุ่งนี้เช้า	phrûng-née cháo
cet après-midi	บ่ายนี้	bàai née
dans l'après-midi	ตอนบ่าย	dtorn bàai
demain après-midi	พรุ่งนี้บ่าย	phrûng-née bàai
ce soir	คืนนี้	kheun née
demain soir	คืนพรุ่งนี้	kheun phrûng-née
à 3 heures précises	3 โมงตรง	săam mohng dtrorng
autour de 4 heures	ประมาณ 4 โมง	bprà-maan sèe mohng
vers midi	ภายใน 12 โมง	phaai nai sìp sŏng mohng
dans 20 minutes	อีก 20 นาที	èek yêe sìp naa-thee
dans une heure	อีกหนึ่งชั่วโมง	èek nèung chûa mohng
à temps	ทันเวลา	than way-laa
… moins le quart	อีกสิบห้านาที	èek sìp hâa naa-thee
en une heure	ภายในหนึ่งชั่วโมง	phaai nai nèung chûa mohng
tous les quarts d'heure	ทุก 15 นาที	thúk sìp hâa naa-thee
24 heures sur 24	ทั้งวัน	tháng wan

21. Les mois. Les saisons

janvier (m)	มกราคม	mók-gà-raa khom
février (m)	กุมภาพันธ์	gum-phaa phan
mars (m)	มีนาคม	mee-naa khom
avril (m)	เมษายน	may-săa-yon
mai (m)	พฤษภาคม	phréut-sà-phaa khom
juin (m)	มิถุนายน	mí-thù-naa-yon
juillet (m)	กรกฎาคม	gà-rá-gà-daa-khom
août (m)	สิงหาคม	sĭng hăa khom
septembre (m)	กันยายน	gan-yaa-yon
octobre (m)	ตุลาคม	dtù-laa khom

novembre (m)	พฤศจิกายน	phréut-sà-jì-gaa-yon
décembre (m)	ธันวาคม	than-waa khom
printemps (m)	ฤดูใบไม้ผลิ	réu-doo bai máai phlì
au printemps	ฤดูใบไม้ผลิ	réu-doo bai máai phlì
de printemps (adj)	ฤดูใบไมผลิ	réu-doo bai máai phlì
été (m)	ฤดูร้อน	réu-doo rórn
en été	ฤดูร้อน	réu-doo rórn
d'été (adj)	ฤดูรอน	réu-doo rórn
automne (m)	ฤดูใบไม้ร่วง	réu-doo bai máai rûang
en automne	ฤดูใบไม้ร่วง	réu-doo bai máai rûang
d'automne (adj)	ฤดูใบไมรวง	réu-doo bai máai rûang
hiver (m)	ฤดูหนาว	réu-doo nǎao
en hiver	ฤดูหนาว	réu-doo nǎao
d'hiver (adj)	ฤดูหนาว	réu-doo nǎao
mois (m)	เดือน	deuan
ce mois	เดือนนี้	deuan née
le mois prochain	เดือนหน้า	deuan nâa
le mois dernier	เดือนที่แล้ว	deuan thêe láew
il y a un mois	หนึ่งเดือนก่อนหน้านี้	nèung deuan gòrn nâa née
dans un mois	อีกหนึ่งเดือน	èek nèung deuan
dans 2 mois	อีกสองเดือน	èek sǒrng deuan
tout le mois	ทั้งเดือน	tháng deuan
tout un mois	ตลอดทั้งเดือน	dtà-lòrt tháng deuan
mensuel (adj)	รายเดือน	raai deuan
mensuellement	ทุกเดือน	thúk deuan
chaque mois	ทุกเดือน	thúk deuan
2 fois par mois	เดือนละสองครั้ง	deuan lá sǒrng kráng
année (f)	ปี	bpee
cette année	ปีนี้	bpee née
l'année prochaine	ปีหน้า	bpee nâa
l'année dernière	ปีที่แล้ว	bpee thêe láew
il y a un an	หนึ่งปีก่อน	nèung bpee gòrn
dans un an	อีกหนึ่งปี	èek nèung bpee
dans 2 ans	อีกสองปี	èek sǒng bpee
toute l'année	ทั้งปี	tháng bpee
toute une année	ตลอดทั้งปี	dtà-lòrt tháng bpee
chaque année	ทุกปี	thúk bpee
annuel (adj)	รายปี	raai bpee
annuellement	ทุกปี	thúk bpee
4 fois par an	ปีละสี่ครั้ง	bpee lá sèe khráng
date (f) (jour du mois)	วันที่	wan thêe
date (f) (~ mémorable)	วันเดือนปี	wan deuan bpee
calendrier (m)	ปฏิทิน	bpà-dtì-thin
six mois	ครึ่งปี	khrêung bpee
semestre (m)	หกเดือน	hòk deuan

| saison (f) | ฤดูกาล | réu-doo gaan |
| siècle (m) | ศตวรรษ | sà-dtà-wát |

22. Les unités de mesure

poids (m)	น้ำหนัก	nám nàk
longueur (f)	ความยาว	khwaam yaao
largeur (f)	ความกว้าง	khwaam gwâang
hauteur (f)	ความสูง	khwaam sŏong
profondeur (f)	ความลึก	khwaam léuk
volume (m)	ปริมาณ	bpà-rí-maan
aire (f)	บริเวณ	bor-rí-wayn

gramme (m)	กรัม	gram
milligramme (m)	มิลลิกรัม	min-lí gram
kilogramme (m)	กิโลกรัม	gì-loh gram
tonne (f)	ตัน	dtan
livre (f)	ปอนด์	bporn
once (f)	ออนซ์	orn

mètre (m)	เมตร	máyt
millimètre (m)	มิลลิเมตร	min-lí mâyt
centimètre (m)	เซ็นติเมตร	sen dtì mâyt
kilomètre (m)	กิโลเมตร	gì-loh máyt
mille (m)	ไมล์	mai

pouce (m)	นิ้ว	níw
pied (m)	ฟุต	fút
yard (m)	หลา	lăa

| mètre (m) carré | ตารางเมตร | dtaa-raang máyt |
| hectare (m) | เฮกตาร์ | hêek dtaa |

litre (m)	ลิตร	lít
degré (m)	องศา	ong-săa
volt (m)	โวลต์	wohn
ampère (m)	แอมแปร์	aem-bpae
cheval-vapeur (m)	แรงม้า	raeng máa

quantité (f)	จำนวน	jam-nuan
un peu de ...	นิดหน่อย	nít nói
moitié (f)	ครึ่ง	khrêung

| douzaine (f) | โหล | lŏh |
| pièce (f) | ส่วน | sùan |

| dimension (f) | ขนาด | khà-nàat |
| échelle (f) (de la carte) | มาตราส่วน | mâat-dtraa sùan |

minimal (adj)	น้อยที่สุด	nói thêe sùt
le plus petit (adj)	เล็กที่สุด	lék thêe sùt
moyen (adj)	กลาง	glaang
maximal (adj)	สูงสุด	sŏong sùt
le plus grand (adj)	ใหญ่ที่สุด	yài têe sùt

23. Les récipients

bocal (m) en verre	ขวดโหล	khùat lŏh
boîte, canette (f)	กระป๋อง	grà-bpŏrng
seau (m)	ถัง	thăng
tonneau (m)	ถัง	thăng
bassine, cuvette (f)	กะทะ	gà-thá
cuve (f)	ถังเก็บน้ำ	thăng gèp nám
flasque (f)	กระติกน้ำ	grà-dtìk nám
jerrican (m)	ภาชนะ	phaa-chá-ná
citerne (f)	ถังบรรจุ	thăng ban-jù
tasse (f), mug (m)	แก้ว	gâew
tasse (f)	ถ้วย	thûay
soucoupe (f)	จานรอง	jaan rorng
verre (m) (~ d'eau)	แก้ว	gâew
verre (m) à vin	แก้วไวน์	gâew wai
faitout (m)	หม้อ	môr
bouteille (f)	ขวด	khùat
goulot (m)	ปาก	bpàak
carafe (f)	คนโท	khon-thoh
pichet (m)	เหยือก	yèuak
récipient (m)	ภาชนะ	phaa-chá-ná
pot (m)	หม้อ	môr
vase (m)	แจกัน	jae-gan
flacon (m)	กระติก	grà-dtìk
fiole (f)	ขวดเล็ก	khùat lék
tube (m)	หลอด	lòrt
sac (m) (grand ~)	ถุง	thŭng
sac (m) (~ en plastique)	ถุง	thŭng
paquet (m) (~ de cigarettes)	ซอง	sorng
boîte (f)	กล่อง	glòrng
caisse (f)	ลัง	lang
panier (m)	ตะกร้า	dtà-grâa

L'HOMME

L'homme. Le corps humain

24. La tête

tête (f)	หัว	hŭa
visage (m)	หน้า	nâa
nez (m)	จมูก	jà-mòok
bouche (f)	ปาก	bpàak
œil (m)	ตา	dtaa
les yeux	ตา	dtaa
pupille (f)	รูม่านตา	roo mâan dtaa
sourcil (m)	คิ้ว	khíw
cil (m)	ขนตา	khŏn dtaa
paupière (f)	เปลือกตา	bplèuak dtaa
langue (f)	ลิ้น	lín
dent (f)	ฟัน	fan
lèvres (f pl)	ริมฝีปาก	rim fĕe bpàak
pommettes (f pl)	โหนกแก้ม	nòhk gâem
gencive (f)	เหงือก	ngèuak
palais (m)	เพดานปาก	phay-daan bpàak
narines (f pl)	รูจมูก	roo jà-mòok
menton (m)	คาง	khaang
mâchoire (f)	ขากรรไกร	khăa gan-grai
joue (f)	แก้ม	gâem
front (m)	หน้าผาก	nâa phàak
tempe (f)	ขมับ	khà-màp
oreille (f)	หู	hŏo
nuque (f)	หลังศรีษะ	lăng sĕe-sà
cou (m)	คอ	khor
gorge (f)	ลำคอ	lam khor
cheveux (m pl)	ผม	phŏm
coiffure (f)	ทรงผม	song phŏm
coupe (f)	ทรงผม	song phŏm
perruque (f)	ผมปลอม	phŏm bplorm
moustache (f)	หนวด	nùat
barbe (f)	เครา	krao
porter (~ la barbe)	ลองไว้	lorng wái
tresse (f)	ผมเปีย	phŏm bpia
favoris (m pl)	จอน	jorn
roux (adj)	ผมแดง	phŏm daeng
gris, grisonnant (adj)	ผมหงอก	phŏm ngòrk

chauve (adj)	หัวล้าน	hǔa láan
calvitie (f)	หัวล้าน	hǔa láan
queue (f) de cheval	ผมทรงหางม้า	phǒm song hǎang máa
frange (f)	ผมม้า	phǒm máa

25. Le corps humain

main (f)	มือ	meu
bras (m)	แขน	khǎen
doigt (m)	นิ้ว	níw
orteil (m)	นิ้วเท้า	níw tháo
pouce (m)	นิ้วโป้ง	níw bpôhng
petit doigt (m)	นิ้วก้อย	níw gôi
ongle (m)	เล็บ	lép
poing (m)	กำปั้น	gam bpân
paume (f)	ฝ่ามือ	fàa meu
poignet (m)	ข้อมือ	khôr meu
avant-bras (m)	แขนช่วงล่าง	khǎen chûang lâang
coude (m)	ข้อศอก	khôr sòrk
épaule (f)	ไหล่	lài
jambe (f)	ขา	khǎa
pied (m)	เท้า	tháo
genou (m)	หัวเข่า	hǔa khào
mollet (m)	น่อง	nôrng
hanche (f)	สะโพก	sà-phôhk
talon (m)	ส้นเท้า	sôn tháo
corps (m)	ร่างกาย	râang gaai
ventre (m)	ท้อง	thórng
poitrine (f)	อก	òk
sein (m)	หน้าอก	nâa òk
côté (m)	ข้าง	khâang
dos (m)	หลัง	lǎng
reins (région lombaire)	หลังส่วนล่าง	lǎng sùan lâang
taille (f) (~ de guêpe)	เอว	eo
nombril (m)	สะดือ	sà-deu
fesses (f pl)	ก้น	gôn
derrière (m)	ก้น	gôn
grain (m) de beauté	ไฝเสน่ห์	fǎi sà-này
tache (f) de vin	ปาน	bpaan
tatouage (m)	รอยสัก	roi sàk
cicatrice (f)	แผลเป็น	phlǎe bpen

Les vêtements & les accessoires

26. Les vêtements d'extérieur

vêtement (m)	เสื้อผ้า	sêua phâa
survêtement (m)	เสื้อนอก	sêua nôk
vêtement (m) d'hiver	เสื้อกันหนาว	sêua gan năao
manteau (m)	เสื้อโค้ท	sêua khóht
manteau (m) de fourrure	เสื้อโค้ทขนสัตว์	sêua khóht khŏn sàt
veste (f) de fourrure	แจคเก็ตขนสัตว์	jáek-gèt khŏn sàt
manteau (m) de duvet	แจ็คเก็ตกันหนาว	jàek-gèt gan năao
veste (f) (~ en cuir)	แจ๊คเก็ต	jáek-gèt
imperméable (m)	เสื้อกันฝน	sêua gan fŏn
imperméable (adj)	ซึ่งกันน้ำได้	sêung gan náam dâai

27. Men's & women's clothing

chemise (f)	เสื้อ	sêua
pantalon (m)	กางเกง	gaang-gayng
jean (m)	กางเกงยีนส์	gaang-gayng yeen
veston (m)	แจ็คเก็ตสูท	jàek-gèt sòot
complet (m)	ชุดสูท	chút sòot
robe (f)	ชุดเดรส	chút draet
jupe (f)	กระโปรง	grà bprohng
chemisette (f)	เสื้อ	sêua
veste (f) en laine	แจ๊คเก็ตถัก	jáek-gèt thàk
jaquette (f), blazer (m)	แจคเก็ต	jáek-gèt
tee-shirt (m)	เสื้อยืด	sêua yêut
short (m)	กางเกงขาสั้น	gaang-gayng khăa sân
costume (m) de sport	ชุดวอรม	chút wom
peignoir (m) de bain	เสื้อคลุมอาบน้ำ	sêua khlum àap náam
pyjama (m)	ชุดนอน	chút norn
chandail (m)	เสื้อไหมพรม	sêua măi phrom
pull-over (m)	เสื้อกันหนาวแบบสวม	sêua gan năao bàep sŭam
gilet (m)	เสื้อกั๊ก	sêua gák
queue-de-pie (f)	เสื้อเทลโค้ต	sêua thayn-khóht
smoking (m)	ชุดทักซิโด	chút thák sí dôh
uniforme (m)	เครื่องแบบ	khrêuang bàep
tenue (f) de travail	ชุดทำงาน	chút tam ngaan
salopette (f)	ชุดเอี๊ยม	chút íam
blouse (f) (d'un médecin)	เสื้อคลุม	sêua khlum

28. Les sous-vêtements

sous-vêtements (m pl)	ชุดชั้นใน	chút chán nai
boxer (m)	กางเกงในชาย	gaang-gayng nai chaai
slip (m) de femme	กางเกงในสตรี	gaang-gayng nai sàt-dtree
maillot (m) de corps	เสื้อชั้นใน	sêua chán nai
chaussettes (f pl)	ถุงเท้า	thǔng tháo
chemise (f) de nuit	ชุดนอนสตรี	chút norn sàt-dtree
soutien-gorge (m)	ยกทรง	yók song
chaussettes (f pl) hautes	ถุงเท้ายาว	thǔng tháo yaao
collants (m pl)	ถุงน่องเต็มตัว	thǔng nôrng dtem dtua
bas (m pl)	ถุงน่อง	thǔng nôrng
maillot (m) de bain	ชุดว่ายน้ำ	chút wâai náam

29. Les chapeaux

chapeau (m)	หมวก	mùak
chapeau (m) feutre	หมวก	mùak
casquette (f) de base-ball	หมวกเบสบอล	mùak bàyt-bon
casquette (f)	หมวกติงลี่	mùak dting lêe
béret (m)	หมวกเบเร่ต์	mùak bay-rây
capuche (f)	ฮูด	hóot
panama (m)	หมวกปานามา	mùak bpaa-naa-maa
bonnet (m) de laine	หมวกไหมพรม	mùak mǎi phrom
foulard (m)	ผ้าโพกศีรษะ	phâa phôhk sěe-sà
chapeau (m) de femme	หมวกสตรี	mùak sàt-dtree
casque (m) (d'ouvriers)	หมวกนิรภัย	mùak ní-rá-phai
calot (m)	หมวกหนีบ	mùak nèep
casque (m) (~ de moto)	หมวกกันน็อค	mùak ní-rá-phai
melon (m)	หมวกกลมทรงสูง	mùak glom song sǒong
haut-de-forme (m)	หมวกทรงสูง	mùak song sǒong

30. Les chaussures

chaussures (f pl)	รองเท้า	rorng tháo
bottines (f pl)	รองเท้า	rorng tháo
souliers (m pl) (~ plats)	รองเท้า	rorng tháo
bottes (f pl)	รองเท้าบูท	rorng tháo bòot
chaussons (m pl)	รองเท้าแตะในบ้าน	rorng tháo dtàe nai bâan
tennis (m pl)	รองเท้ากีฬา	rorng tháo gee-laa
baskets (f pl)	รองเท้าผ้าใบ	rorng tháo phâa bai
sandales (f pl)	รองเท้าแตะ	rorng tháo dtàe
cordonnier (m)	ดูแลซ่อมรองเท้า	khon sôrm rorng tháo
talon (m)	ส้นรองเท้า	sôn rorng tháo

paire (f)	คู่	khôo
lacet (m)	เชือกรองเท้า	chêuak rorng tháo
lacer (vt)	ผูกเชือกรองเท้า	phòok chêuak rorng tháo
chausse-pied (m)	ที่ช้อนรองเท้า	thêe chón rorng tháo
cirage (m)	ยาขัดรองเท้า	yaa khàt rorng tháo

31. Les accessoires personnels

gants (m pl)	ถุงมือ	thŭng meu
moufles (f pl)	ถุงมือ	thŭng meu
écharpe (f)	ผ้าพันคอ	phâa phan khor
lunettes (f pl)	แว่นตา	wâen dtaa
monture (f)	กรอบแว่น	gròrp wâen
parapluie (m)	ร่ม	rôm
canne (f)	ไม้เท้า	máai tháo
brosse (f) à cheveux	แปรงหวีผม	bpraeng wĕe phŏm
éventail (m)	พัด	phát
cravate (f)	เนคไท	nâyk-thai
nœud papillon (m)	โบว์หูกระต่าย	boh hŏo grà-dtàai
bretelles (f pl)	สายเอี่ยม	săai íam
mouchoir (m)	ผ้าเช็ดหน้า	phâa chét-nâa
peigne (m)	หวี	wĕe
barrette (f)	ที่หนีบผม	têe nèep phŏm
épingle (f) à cheveux	กิ๊บ	gíp
boucle (f)	หัวเข็มขัด	hŭa khĕm khàt
ceinture (f)	เข็มขัด	khĕm khàt
bandoulière (f)	สายกระเป๋า	săai grà-bpăo
sac (m)	กระเป๋า	grà-bpăo
sac (m) à main	กระเป๋าถือ	grà-bpăo thĕu
sac (m) à dos	กระเป๋าสะพายหลัง	grà-bpăo sà-phaai lăng

32. Les vêtements. Divers

mode (f)	แฟชั่น	fae-chân
à la mode (adj)	ค่านิยม	khâa ní-yom
couturier, créateur de mode	นักออกแบบแฟชั่น	nák òrk bàep fae-chân
col (m)	คอปกเสื้อ	khor bpòk sêua
poche (f)	กระเป๋า	grà-bpăo
de poche (adj)	กระเป๋า	grà-bpăo
manche (f)	แขนเสื้อ	khăen sêua
bride (f)	ที่แขวนเสื้อ	thêe khwăen sêua
braguette (f)	ซิปกางเกง	síp gaang-gayng
fermeture (f) à glissière	ซิป	síp
agrafe (f)	ซิป	síp
bouton (m)	กระดุม	grà dum

boutonnière (f)	รูกระดุม	roo grà dum
s'arracher (bouton)	หลุดออก	lùt òrk
coudre (vi, vt)	เย็บ	yép
broder (vt)	ปัก	bpàk
broderie (f)	ลายปัก	laai bpàk
aiguille (f)	เข็มเย็บผ้า	khěm yép phâa
fil (m)	เส้นด้าย	sây-dâai
couture (f)	รอยเย็บ	roi yép
se salir (vp)	สกปรก	sòk-gà-bpròk
tache (f)	รอยเปื้อน	roi bpêuan
se froisser (vp)	พับเป็นรอยยับ	pháp bpen roi yôn
déchirer (vt)	ฉีก	chèek
mite (f)	แมลงกินผ้า	má-laeng gin phâa

33. L'hygiène corporelle. Les cosmétiques

dentifrice (m)	ยาสีฟัน	yaa sěe fan
brosse (f) à dents	แปรงสีฟัน	bpraeng sěe fan
se brosser les dents	แปรงฟัน	bpraeng fan
rasoir (m)	มีดโกน	mêet gohn
crème (f) à raser	ครีมโกนหนวด	khreem gohn nùat
se raser (vp)	โกน	gohn
savon (m)	สบู่	sà-bòo
shampooing (m)	แชมพู	chaem-phoo
ciseaux (m pl)	กรรไกร	gan-grai
lime (f) à ongles	ตะไบเล็บ	dtà-bai lép
pinces (f pl) à ongles	กรรไกรตัดเล็บ	gan-grai dtàt lép
pince (f) à épiler	แหนบ	nàep
produits (m pl) de beauté	เครื่องสำอาง	khrêuang sǎm-aang
masque (m) de beauté	มาสก์หน้า	mâak nâa
manucure (f)	การแต่งเล็บ	gaan dtàeng lép
se faire les ongles	แต่งเล็บ	dtàeng lép
pédicurie (f)	การแต่งเล็บเท้า	gaan dtàeng lép táo
trousse (f) de toilette	กระเป๋าเครื่องสำอาง	grà-bpǎo khrêuang sǎm-aang
poudre (f)	แป้งฝุ่น	bpâeng-fùn
poudrier (m)	ตลับแป้ง	dtà-làp bpâeng
fard (m) à joues	แป้งทาแก้ม	bpâeng thaa gâem
parfum (m)	น้ำหอม	nám hǒrm
eau (f) de toilette	น้ำหอมอ่อนๆ	náam hǒrm òn òn
lotion (f)	โลชั่น	loh-chân
eau de Cologne (f)	โคโลญจ์	khoh-lohn
fard (m) à paupières	อายแชโดว์	aai-chae-doh
crayon (m) à paupières	อายไลเนอร์	aai lai-ner
mascara (m)	มาสคารา	mâat-khaa-râa
rouge (m) à lèvres	ลิปสติก	líp-sà-dtìk

vernis (m) à ongles	น้ำยาทาเล็บ	nám yaa-thaa lép
laque (f) pour les cheveux	สเปรย์ฉีดผม	sà-bpray chèet phǒm
déodorant (m)	ยาดับกลิ่น	yaa dàp glìn
crème (f)	ครีม	khreem
crème (f) pour le visage	ครีมทาหน้า	khreem thaa nâa
crème (f) pour les mains	ครีมทามือ	khreem thaa meu
crème (f) anti-rides	ครีมลดริ้วรอย	khreem lót ríw roi
crème (f) de jour	ครีมกลางวัน	khreem klaang wan
crème (f) de nuit	ครีมกลางคืน	khreem klaang kheun
de jour (adj)	กลางวัน	glaang wan
de nuit (adj)	กลางคืน	glaang kheun
tampon (m)	ผ้าอนามัยแบบสอด	phâa a-naa-mai bàep sòrt
papier (m) de toilette	กระดาษชำระ	grà-dàat cham-rá
sèche-cheveux (m)	เครื่องเป่าผม	khrêuang bpào phǒm

34. Les montres. Les horloges

montre (f)	นาฬิกา	naa-lí-gaa
cadran (m)	หน้าปัด	nâa bpàt
aiguille (f)	เข็ม	khěm
bracelet (m)	สายนาฬิกาข้อมือ	sǎai naa-lí-gaa khôr meu
bracelet (m) (en cuir)	สายรัดข้อมือ	sǎai rát khôr meu
pile (f)	แบตเตอรี่	bàet-dter-rêe
être déchargé	หมด	mòt
changer de pile	เปลี่ยนแบตเตอรี่	bplìan bàet-dter-rêe
avancer (vi)	เดินเร็วเกินไป	dern reo gern bpai
retarder (vi)	เดินช้า	dern cháa
pendule (f)	นาฬิกาแขวนผนัง	naa-lí-gaa khwǎen phà-nǎng
sablier (m)	นาฬิกาทราย	naa-lí-gaa saai
cadran (m) solaire	นาฬิกาแดด	naa-lí-gaa dàet
réveil (m)	นาฬิกาปลุก	naa-lí-gaa bplùk
horloger (m)	ช่างซ่อมนาฬิกา	châang sôrm naa-lí-gaa
réparer (vt)	ซ่อม	sôrm

Les aliments. L'alimentation

35. Les aliments

viande (f)	เนื้อ	néua
poulet (m)	ไก่	gài
poulet (m) (poussin)	เนื้อลูกไก่	néua lôok gài
canard (m)	เป็ด	bpèt
oie (f)	ห่าน	hàan
gibier (m)	สัตว์ที่ล่า	sàt thêe lâa
dinde (f)	ไก่งวง	gài nguang
du porc	เนื้อหมู	néua mǒo
du veau	เนื้อลูกวัว	néua lôok wua
du mouton	เนื้อแกะ	néua gàe
du bœuf	เนื้อวัว	néua wua
lapin (m)	เนื้อกระต่าย	néua grà-dtàai
saucisson (m)	ไส้กรอก	sâi gròrk
saucisse (f)	ไส้กรอกเวียนนา	sâi gròrk wian-naa
bacon (m)	หมูเบคอน	mǒo bay-khorn
jambon (m)	แฮม	haem
cuisse (f)	แฮมแกมมอน	haem gaem-morn
pâté (m)	ปาเต	bpaa dtay
foie (m)	ตับ	dtàp
farce (f)	เนื้อสับ	néua sàp
langue (f)	ลิ้น	lín
œuf (m)	ไข่	khài
les œufs	ไข่	khài
blanc (m) d'œuf	ไข่ขาว	khài khǎao
jaune (m) d'œuf	ไข่แดง	khài daeng
poisson (m)	ปลา	bplaa
fruits (m pl) de mer	อาหารทะเล	aa hǎan thá-lay
crustacés (m pl)	สัตว์พวกกุ้งกั้งปู	sàt phûak gûng gâng bpoo
caviar (m)	ไข่ปลา	khài-bplaa
crabe (m)	ปู	bpoo
crevette (f)	กุ้ง	gûng
huître (f)	หอยนางรม	hǒi naang rom
langoustine (f)	กุ้งมังกร	gûng mang-gon
poulpe (m)	ปลาหมึก	bplaa mèuk
calamar (m)	ปลาหมึกกล้วย	bplaa mèuk-glûay
esturgeon (m)	ปลาสเตอร์เจียน	bpláa sà-dtêr jian
saumon (m)	ปลาแซลมอน	bplaa saen-morn
flétan (m)	ปลาตาเดียว	bplaa dtaa-dieow
morue (f)	ปลาค็อด	bplaa khót

maquereau (m)	ปลาแม็คเคอเร็ล	bplaa máek-kay-a-rěn
thon (m)	ปลาทูน่า	bplaa thoo-nâa
anguille (f)	ปลาไหล	bplaa lǎi
truite (f)	ปลาเทราท์	bplaa thrau
sardine (f)	ปลาซาร์ดีน	bplaa saa-deen
brochet (m)	ปลาไพค์	bplaa phai
hareng (m)	ปลาเฮอร์ริ่ง	bplaa her-ring
pain (m)	ขนมปัง	khà-nǒm bpang
fromage (m)	เนยแข็ง	noie khǎeng
sucre (m)	น้ำตาล	nám dtaan
sel (m)	เกลือ	gleua
riz (m)	ข้าว	khâao
pâtes (m pl)	พาสต้า	phâat-dtâa
nouilles (f pl)	กวยเตี๋ยว	gǔay-dtǐeow
beurre (m)	เนย	noie
huile (f) végétale	น้ำมันพืช	nám man phêut
huile (f) de tournesol	น้ำมันดอกทานตะวัน	nám man dòrk thaan dtà-wan
margarine (f)	เนยเทียม	noie thiam
olives (f pl)	มะกอก	má-gòrk
huile (f) d'olive	น้ำมันมะกอก	nám man má-gòrk
lait (m)	นม	nom
lait (m) condensé	นมข้น	nom khôn
yogourt (m)	โยเกิร์ต	yoh-gèrt
crème (f) aigre	ซาวร์ครีม	saao khreem
crème (f) (de lait)	ครีม	khreem
sauce (f) mayonnaise	มายองเนส	maa-yorng-nâyt
crème (f) au beurre	สวนผสมของเนย และน้ำตาล	sùan phà-sǒm khǒrng noie láe nám dtaan
gruau (m)	เมล็ดธัญพืช	má-lét than-yá-phêut
farine (f)	แป้ง	bpâeng
conserves (f pl)	อาหารกระป๋อง	aa-hǎan grà-bpǒrng
pétales (m pl) de maïs	ดอร์นเฟลค	khorn-flâyk
miel (m)	น้ำผึ้ง	nám phêung
confiture (f)	แยม	yaem
gomme (f) à mâcher	หมากฝรั่ง	màak fà-ràng

36. Les boissons

eau (f)	น้ำ	nám
eau (f) potable	น้ำดื่ม	nám dèum
eau (f) minérale	น้ำแร่	nám râe
plate (adj)	ไม่มีฟอง	mâi mee forng
gazeuse (l'eau ~)	น้ำอัดลม	nám àt lom
pétillante (adj)	มีฟอง	mee forng

glace (f)	น้ำแข็ง	nám kǎeng
avec de la glace	ใส่น้ำแข็ง	sài nám kǎeng
sans alcool	ไม่มีแอลกอฮอล์	mâi mee aen-gor-hor
boisson (f) non alcoolisée	เครื่องดื่มที่ไม่มีแอลกอฮอล	krêuang dèum têe mâi mee aen-gor-hor
rafraîchissement (m)	เครื่องดื่มให้ความสดชื่น	khrêuang dèum hâi khwaam sòt chêun
limonade (f)	น้ำเลมอนเนด	nám lay-morn-nâyt
boissons (f pl) alcoolisées	เหล้า	lǎu
vin (m)	ไวน์	wai
vin (m) blanc	ไวน์ขาว	wai kǎao
vin (m) rouge	ไวน์แดง	wai daeng
liqueur (f)	สุรา	sù-raa
champagne (m)	แชมเปญ	chaem-bpayn
vermouth (m)	เหล้าองุ่นขาวซึ่งมีกลิ่นหอม	lâo a-ngùn kǎao sêung mee glìn hǒrm
whisky (m)	เหล้าวิสกี้	lǎu wít-sa-gêe
vodka (f)	เหล้าวอดก้า	lǎu wórt-gâa
gin (m)	เหล้ายิน	lǎu yin
cognac (m)	เหล้าคอนยัก	lǎu khorn yák
rhum (m)	เหล้ารัม	lǎu ram
café (m)	กาแฟ	gaa-fae
café (m) noir	กาแฟดำ	gaa-fae dam
café (m) au lait	กาแฟใส่นม	gaa-fae sài nom
cappuccino (m)	กาแฟคาปูชิโน	gaa-fae khaa bpoo chí noh
café (m) soluble	กาแฟสำเร็จรูป	gaa-fae sǎm-rèt rôop
lait (m)	นม	nom
cocktail (m)	ค็อกเทล	khók-tayn
cocktail (m) au lait	มิลค์เชค	min-châyk
jus (m)	น้ำผลไม้	nám phǒn-lá-máai
jus (m) de tomate	น้ำมะเขือเทศ	nám má-khěua thâyt
jus (m) d'orange	น้ำส้ม	nám sôm
jus (m) pressé	น้ำผลไม้คั้นสด	nám phǒn-lá-máai khán sòt
bière (f)	เบียร์	bia
bière (f) blonde	เบียร์ไลท์	bia lai
bière (f) brune	เบียร์ดารค	bia dàak
thé (m)	ชา	chaa
thé (m) noir	ชาดำ	chaa dam
thé (m) vert	ชาเขียว	chaa khǐeow

37. Les légumes

légumes (m pl)	ผัก	phàk
verdure (f)	ผักใบเขียว	phàk bai khǐeow
tomate (f)	มะเขือเทศ	má-khěua thâyt

concombre (m)	แตงกวา	dtaeng-gwaa
carotte (f)	แครอท	khae-rót
pomme (f) de terre	มันฝรั่ง	man fà-ràng
oignon (m)	หัวหอม	hǔa hǒrm
ail (m)	กระเทียม	grà-thiam
chou (m)	กะหล่ำปลี	gà-làm bplee
chou-fleur (m)	ดอกกะหล่ำ	dòrk gà-làm
chou (m) de Bruxelles	กะหล่ำดาว	gà-làm-daao
brocoli (m)	บร็อคโคลี่	bròrk-khoh-lêe
betterave (f)	บีทรูท	bee-trôot
aubergine (f)	มะเขือยาว	má-khěua-yaao
courgette (f)	แตงซูคินี	dtaeng soo-khí-nee
potiron (m)	ฟักทอง	fák-thorng
navet (m)	หัวผักกาด	hǔa-phàk-gàat
persil (m)	ผักชีฝรั่ง	phàk chee fà-ràng
fenouil (m)	ผักชีลาว	phàk-chee-laao
laitue (f) (salade)	ผักกาดหอม	phàk gàat hǒrm
céleri (m)	คื่นช่ายู	khêun-châai
asperge (f)	หน่อไม้ฝรั่ง	nòr máai fà-ràng
épinard (m)	ผักขม	phàk khǒm
pois (m)	ถั่วลันเตา	thùa-lan-dtao
fèves (f pl)	ถั่ว	thùa
maïs (m)	ข้าวโพด	khâao-phôht
haricot (m)	ถั่วรูปไต	thùa rôop dtai
poivron (m)	พริกหยวก	phrík-yùak
radis (m)	หัวไชเท้า	hǔa chai tháo
artichaut (m)	อาร์ติโชค	aa dtì chôhk

38. Les fruits. Les noix

fruit (m)	ผลไม้	phǒn-lá-máai
pomme (f)	แอปเปิ้ล	àep-bpêrn
poire (f)	แพร	phae
citron (m)	มะนาว	má-naao
orange (f)	ส้ม	sôm
fraise (f)	สตรอว์เบอร์รี่	sà-dtror-ber-rêe
mandarine (f)	ส้มแมนดาริน	sôm maen daa rin
prune (f)	พลัม	phlam
pêche (f)	ลูกท้อ	lôok thór
abricot (m)	แอปริคอท	ae-bprì-khôrt
framboise (f)	ราสเบอร์รี่	râat-ber-rêe
ananas (m)	สับปะรด	sàp-bpà-rót
banane (f)	กล้วย	glûay
pastèque (f)	แตงโม	dtaeng moh
raisin (m)	องุ่น	a-ngùn
cerise (f)	เชอร์รี่	cher-rêe
merise (f)	เชอร์รี่ป่า	cher-rêe bpàa

melon (m)	เมลอน	may-lorn
pamplemousse (m)	ส้มโอ	sôm oh
avocat (m)	อะโวคาโด	a-who-khaa-doh
papaye (f)	มะละกอ	má-lá-gor
mangue (f)	มะม่วง	má-mûang
grenade (f)	ทับทิม	tháp-thim
groseille (f) rouge	เรดเคอร์แรนท์	râyt-khêr-raen
cassis (m)	แบล็คเคอร์แรนท์	blàek khêr-raen
groseille (f) verte	กูสเบอร์รี่	gòot-ber-rêe
myrtille (f)	บิลเบอร์รี่	bil-ber-rêe
mûre (f)	แบล็คเบอร์รี่	blàek ber-rêe
raisin (m) sec	ลูกเกด	lôok gàyt
figue (f)	มะเดื่อฝรั่ง	má dèua fà-ràng
datte (f)	ลูกอินทผลัม	lôok in-thá-plăm
cacahuète (f)	ถั่วลิสง	thùa-lí-sŏng
amande (f)	อัลมอนด์	an-morn
noix (f)	วอลนัต	wor-lá-nát
noisette (f)	เฮเซลนัท	hay sayn nát
noix (f) de coco	มะพร้าว	má-phráao
pistaches (f pl)	ถั่วพิสตาชิโอ	thùa phít dtaa chí oh

39. Le pain. Les confiseries

confiserie (f)	ขนม	khà-nŏm
pain (m)	ขนมปัง	khà-nŏm bpang
biscuit (m)	คุกกี้	khúk-gêe
chocolat (m)	ช็อกโกแลต	chók-goh-láet
en chocolat (adj)	ช็อกโกแลต	chók-goh-láet
bonbon (m)	ลูกกวาด	lôok gwàat
gâteau (m), pâtisserie (f)	ขนมเค้ก	khà-nŏm kháyk
tarte (f)	ขนมเค้ก	khà-nŏm kháyk
gâteau (m)	ขนมพาย	khà-nŏm phaai
garniture (f)	ไส้ในขนม	sâi nai khà-nŏm
confiture (f)	แยม	yaem
marmelade (f)	แยมผิวส้ม	yaem phĭw sôm
gaufre (f)	วาฟเฟิล	waaf-fern
glace (f)	ไอศกรีม	ai-sà-greem
pudding (m)	พุดดิ้ง	phút-dîng

40. Les plats cuisinés

plat (m)	มื้ออาหาร	méu aa-hăan
cuisine (f)	อาหาร	aa-hăan
recette (f)	ตำราอาหาร	dtam-raa aa-hăan
portion (f)	ส่วน	sùan
salade (f)	สลัด	sà-làt

soupe (f)	ซุป	súp
bouillon (m)	ซุปน้ำใส	súp nám-săi
sandwich (m)	แซนด์วิช	saen-wít
les œufs brouillés	ไข่ทอด	khài thôrt

| hamburger (m) | แฮมเบอร์เกอร์ | haem-ber-gêr |
| steak (m) | สเต็กเนื้อ | sà-dtèk néua |

garniture (f)	เครื่องเคียง	khrêuang khiang
spaghettis (m pl)	สปาเก็ตตี้	sà-bpaa-gèt-dtêe
purée (f)	มันฝรั่งบด	man fà-ràng bòt
pizza (f)	พิซซา	phít-sâa
bouillie (f)	ข้าวต้ม	khâao-dtôm
omelette (f)	ไข่เจียว	khài jieow

cuit à l'eau (adj)	ต้ม	dtôm
fumé (adj)	รมควัน	rom khwan
frit (adj)	ทอด	thôrt
sec (adj)	ตากแห้ง	dtàak hâeng
congelé (adj)	แช่แข็ง	châe khăeng
mariné (adj)	ดอง	dorng

sucré (adj)	หวาน	wăan
salé (adj)	เค็ม	khem
froid (adj)	เย็น	yen
chaud (adj)	ร้อน	rórn
amer (adj)	ขม	khŏm
bon (savoureux)	อร่อย	à-ròi

cuire à l'eau	ต้ม	dtôm
préparer (le dîner)	ทำอาหาร	tham aa-hăan
faire frire	ทอด	thôrt
réchauffer (vt)	อุ่น	ùn

saler (vt)	ใส่เกลือ	sài gleua
poivrer (vt)	ใส่พริกไทย	sài phrík thai
râper (vt)	ขูด	khòot
peau (f)	เปลือก	bplèuak
éplucher (vt)	ปอกเปลือก	bpòrk bplêuak

41. Les épices

sel (m)	เกลือ	gleua
salé (adj)	เค็ม	khem
saler (vt)	ใส่เกลือ	sài gleua

poivre (m) noir	พริกไทย	phrík thai
poivre (m) rouge	พริกแดง	phrík daeng
moutarde (f)	มัสตาร์ด	mát-dtàat
raifort (m)	ฮอสแรดิช	hórt rae dìt

condiment (m)	เครื่องปรุงรส	khrêuang bprung rót
épice (f)	เครื่องเทศ	khrêuang thâyt
sauce (f)	ซอส	sós

vinaigre (m)	น้ำส้มสายชู	nám sôm săai choo
anis (m)	เทียนสัตตบุษย์	thian-sàt-dtà-bùt
basilic (m)	ใบโหระพา	bai hŏh rá phaa
clou (m) de girofle	กานพลู	gaan-phloo
gingembre (m)	ขิง	khĭng
coriandre (m)	ผักชีลา	pàk-chee-laa
cannelle (f)	อบเชย	òp-choie
sésame (m)	งา	ngaa
feuille (f) de laurier	ใบกระวาน	bai grà-waan
paprika (m)	พริกป่น	phrík bpòn
cumin (m)	เทียนตากบ	thian dtaa gòp
safran (m)	หญ้าฝรั่น	yâa fà-ràn

42. Les repas

nourriture (f)	อาหาร	aa-hăan
manger (vi, vt)	กิน	gin
petit déjeuner (m)	อาหารเช้า	aa-hăan cháo
prendre le petit déjeuner	ทานอาหารเช้า	thaan aa-hăan cháo
déjeuner (m)	ข้าวเที่ยง	khâao thîang
déjeuner (vi)	ทานอาหารเที่ยง	thaan aa-hăan thîang
dîner (m)	อาหารเย็น	aa-hăan yen
dîner (vi)	ทานอาหารเย็น	thaan aa-hăan yen
appétit (m)	ความอยากอาหาร	kwaam yàak aa hăan
Bon appétit!	กินให้อร่อย!	gin hâi a-ròi
ouvrir (vt)	เปิด	bpèrt
renverser (liquide)	ทำหก	tham hòk
se renverser (liquide)	ทำหกออกมา	tham hòk òrk maa
bouillir (vi)	ตูม	dtôm
faire bouillir	ตูม	dtôm
bouilli (l'eau ~e)	ตุ๋ม	dtôm
refroidir (vt)	แช่เย็น	châe yen
se refroidir (vp)	แช่เย็น	châe yen
goût (m)	รสชาติ	rót châat
arrière-goût (m)	รส	rót
suivre un régime	ลดน้ำหนัก	lót nám nàk
régime (m)	อาหารพิเศษ	aa-hăan phí-sàyt
vitamine (f)	วิตามิน	wí-dtaa-min
calorie (f)	แคลอรี่	khae-lor-rêe
végétarien (m)	คนกินเจ	khon gin jay
végétarien (adj)	มังสวิรัติ	mang-sà-wí-rát
lipides (m pl)	ไขมัน	khăi man
protéines (f pl)	โปรตีน	bproh-dteen
glucides (m pl)	คาร์โบไฮเดรต	kaa-boh-hai-dràyt
tranche (f)	แผ่น	phàen
morceau (m)	ชิ้น	chín
miette (f)	เศษ	sàyt

43. Le dressage de la table

cuillère (f)	ช้อน	chórn
couteau (m)	มีด	mêet
fourchette (f)	ส้อม	sôrm
tasse (f)	แก้ว	gâew
assiette (f)	จาน	jaan
soucoupe (f)	จานรอง	jaan rorng
serviette (f)	ผ้าเช็ดปาก	phâa chét bpàak
cure-dent (m)	ไม้จิ้มฟัน	máai jîm fan

44. Le restaurant

restaurant (m)	ร้านอาหาร	ráan aa-hăan
salon (m) de café	ร้านกาแฟ	ráan gaa-fae
bar (m)	ร้านเหล้า	ráan lâo
salon (m) de thé	ร้านน้ำชา	ráan nám chaa
serveur (m)	คนเสิร์ฟชาย	khon sèrf chaai
serveuse (f)	คนเสิร์ฟหญิง	khon sèrf yĭng
barman (m)	บาร์เทนเดอร์	baa-thayn-dêr
carte (f)	เมนู	may-noo
carte (f) des vins	รายการไวน์	raai gaan wai
réserver une table	จองโต๊ะ	jorng dtó
plat (m)	มื้ออาหาร	méu aa-hăan
commander (vt)	สั่ง	sàng
faire la commande	สั่งอาหาร	sàng aa-hăan
apéritif (m)	เครื่องดื่มเหล้าก่อนอาหาร	khrêuang dèum lâo gòrn aa-hăan
hors-d'œuvre (m)	ของกินเล่น	khŏrng gin lâyn
dessert (m)	ของหวาน	khŏrng wăan
addition (f)	คิดเงิน	khít ngern
régler l'addition	จ่ายค่าอาหาร	jàai khâa aa hăan
rendre la monnaie	ให้เงินทอน	hâi ngern thorn
pourboire (m)	เงินทิป	ngern thíp

La famille. Les parents. Les amis

45. Les données personnelles. Les formulaires

prénom (m)	ชื่อ	chêu
nom (m) de famille	นามสกุล	naam sà-gun
date (f) de naissance	วันเกิด	wan gèrt
lieu (m) de naissance	สถานที่เกิด	sà-thăan thêe gèrt
nationalité (f)	สัญชาติ	săn-châat
domicile (m)	ที่อยู่อาศัย	thêe yòo aa-săi
pays (m)	ประเทศ	bprà-thâyt
profession (f)	อาชีพ	aa-chêep
sexe (m)	เพศ	phâyt
taille (f)	ความสูง	khwaam sŏong
poids (m)	น้ำหนัก	nám nàk

46. La famille. Les liens de parenté

mère (f)	มารดา	maan-daa
père (m)	บิดา	bì-daa
fils (m)	ลูกชาย	lôok chaai
fille (f)	ลูกสาว	lôok săao
fille (f) cadette	ลูกสาวคนเล็ก	lôok săao khon lék
fils (m) cadet	ลูกชายคนเล็ก	lôok chaai khon lék
fille (f) aînée	ลูกสาวคนโต	lôok săao khon dtoh
fils (m) aîné	ลูกชายคนโต	lôok chaai khon dtoh
frère (m) aîné	พี่ชาย	phêe chaai
frère (m) cadet	น้องชาย	nórng chaai
sœur (f) aînée	พี่สาว	phêe săao
sœur (f) cadette	น้องสาว	nórng săao
cousin (m)	ลูกพี่ลูกน้อง	lôok phêe lôok nórng
cousine (f)	ลูกพี่ลูกน้อง	lôok phêe lôok nórng
maman (f)	แม่	mâe
papa (m)	พ่อ	phôr
parents (m pl)	พ่อแม่	phôr mâe
enfant (m, f)	เด็ก, ลูก	dèk, lôok
enfants (pl)	เด็กๆ	dèk dèk
grand-mère (f)	ย่า, ยาย	yâa, yaai
grand-père (m)	ปู่, ตา	bpòo, dtaa
petit-fils (m)	หลานชาย	lăan chaai
petite-fille (f)	หลานสาว	lăan săao

petits-enfants (pl)	หลานๆ	lăan
oncle (m)	ลุง	lung
tante (f)	ป้า	bpâa
neveu (m)	หลานชาย	lăan chaai
nièce (f)	หลานสาว	lăan săao
belle-mère (f)	แม่ยาย	mâe yaai
beau-père (m)	พ่อสามี	phôr săa-mee
gendre (m)	ลูกเขย	lôok khŏie
belle-mère (f)	แม่เลี้ยง	mâe líang
beau-père (m)	พ่อเลี้ยง	phôr líang
nourrisson (m)	ทารก	thaa-rók
bébé (m)	เด็กเล็ก	dèk lék
petit (m)	เด็ก	dèk
femme (f)	ภรรยา	phan-rá-yaa
mari (m)	สามี	săa-mee
époux (m)	สามี	săa-mee
épouse (f)	ภรรยา	phan-rá-yaa
marié (adj)	แต่งงานแล้ว	dtàeng ngaan láew
mariée (adj)	แต่งงานแลว	dtàeng ngaan láew
célibataire (adj)	เป็นโสด	bpen sòht
célibataire (adj)	ชายโสด	chaai sòht
divorcé (adj)	หย่าแลว	yàa láew
veuve (f)	แม่หม้าย	mâe mâai
veuf (m)	พ่อหม้าย	phôr mâai
parent (m)	ญาติ	yâat
parent (m) proche	ญาติใกล้ชิด	yâat glâi chít
parent (m) éloigné	ญาติห่างๆ	yâat hàang hàang
parents (m pl)	ญาติๆ	yâat
orphelin (m)	เด็กชายกำพร้า	dèk chaai gam phráa
orpheline (f)	เด็กหญิงกำพรา	dèk yĭng gam phráa
tuteur (m)	ผู้ปกครอง	phôo bpòk khrorng
adopter (un garçon)	บุญธรรม	bun tham
adopter (une fille)	บุญธรรม	bun tham

La médecine

47. Les maladies

maladie (f)	โรค	rôhk
être malade	ป่วย	bpùay
santé (f)	สุขภาพ	sùk-khà-phâap
rhume (m) (coryza)	น้ำมูกไหล	nám môok lǎi
angine (f)	ตอมทอนซิลอักเสบ	dtòm thorn-sin àk-sàyp
refroidissement (m)	หวัด	wàt
prendre froid	เป็นหวัด	bpen wàt
bronchite (f)	โรคหลอดลมอักเสบ	rôhk lòrt lom àk-sàyp
pneumonie (f)	โรคปอดบวม	rôhk bpòrt-buam
grippe (f)	ไขหวัดใหญ่	khâi wàt yài
myope (adj)	สายตาสั้น	sǎai dtaa sân
presbyte (adj)	สายตายาว	sǎai dtaa yaao
strabisme (m)	ตาเหล่	dtaa lày
strabique (adj)	เป็นตาเหล่	bpen dtaa kǎy rěu lày
cataracte (f)	ตอกระจก	dtôr grà-jòk
glaucome (m)	ตอหิน	dtôr hǐn
insulte (f)	โรคหลอดเลือดสมอง	rôhk lòrt lêuat sà-mǒrng
crise (f) cardiaque	อาการหัวใจวาย	aa-gaan hǔa jai waai
infarctus (m) de myocarde	กล้ามเนื้อหัวใจตายเหตุขาดเลือด	glâam néua hǔa jai dtaai hàyt khàat lêuat
paralysie (f)	อัมพาต	am-má-phâat
paralyser (vt)	ทำให้เป็นอัมพาต	tham hâi bpen am-má-phâat
allergie (f)	ภูมิแพ้	phoom pháe
asthme (m)	โรคหืด	rôhk hèut
diabète (m)	โรคเบาหวาน	rôhk bao wǎan
mal (m) de dents	อาการปวดฟัน	aa-gaan bpùat fan
carie (f)	ฟันผุ	fan phù
diarrhée (f)	อาการท้องเสีย	aa-gaan thórng sǐa
constipation (f)	อาการท้องผูก	aa-gaan thórng phòok
estomac (m) barbouillé	อาการปวดท้อง	aa-gaan bpùat thórng
intoxication (f) alimentaire	ภาวะอาหารเป็นพิษ	phaa-wá aa hǎan bpen pít
être intoxiqué	กินอาหารเป็นพิษ	gin aa hǎan bpen phít
arthrite (f)	โรคข้ออักเสบ	rôhk khôr àk-sàyp
rachitisme (m)	โรคกระดูกอ่อน	rôhk grà-dòok òrn
rhumatisme (m)	โรครูมาติก	rôhk roo-maa-dtìk
athérosclérose (f)	ภาวะหลอดเลือดแข็ง	phaa-wá lòrt lêuat khǎeng
gastrite (f)	โรคกระเพาะอาหาร	rôhk grà-phór aa-hǎan
appendicite (f)	ไส้ติ่งอักเสบ	sâi dtìng àk-sàyp

cholécystite (f)	โรคถุงน้ำดีอักเสบ	rôhk thŭng nám dee àk-sàyp
ulcère (m)	แผลเปื่อย	phlăe bpèuay
rougeole (f)	โรคหัด	rôhk hàt
rubéole (f)	โรคหัดเยอรมัน	rôhk hàt yer-rá-man
jaunisse (f)	โรคดีซ่าน	rôhk dee sâan
hépatite (f)	โรคตับอักเสบ	rôhk dtàp àk-sàyp
schizophrénie (f)	โรคจิตเภท	rôhk jìt-dtà-phâyt
rage (f) (hydrophobie)	โรคพิษสุนัขบ้า	rôhk phít sù-nák bâa
névrose (f)	โรคประสาท	rôhk bprà-sàat
commotion (f) cérébrale	สมองกระทบกระเทือน	sà-mŏrng grà-thóp grà-theuan
cancer (m)	มะเร็ง	má-reng
sclérose (f)	การแข็งตัวของเนื้อเยื่อรางกาย	gaan kăeng dtua kŏng néua yêua râang gaai
sclérose (f) en plaques	โรคปลอกประสาทเสื่อมแข็ง	rôhk bplòk bprà-sàat sèuam kăeng
alcoolisme (m)	โรคพิษสุราเรื้อรัง	rôhk phít sù-raa réua rang
alcoolique (m)	คนขี้เหล้า	khon khêe lâo
syphilis (f)	โรคซิฟิลิส	rôhk sí-fí-lít
SIDA (m)	โรคเอดส์	rôhk àyt
tumeur (f)	เนื้องอก	néua ngôk
maligne (adj)	ร้าย	ráai
bénigne (adj)	ไม่ร้าย	mâi ráai
fièvre (f)	ไข้	khâi
malaria (f)	ไข้มาลาเรีย	kâi maa-laa-ria
gangrène (f)	เนื้อตายเน่า	néua dtaai nâo
mal (m) de mer	ภาวะเมาคลื่น	phaa-wá mao khlêun
épilepsie (f)	โรคลมบ้าหมู	rôhk lom bâa-mŏo
épidémie (f)	โรคระบาด	rôhk rá-bàat
typhus (m)	โรครากสาดใหญ่	rôhk râak-sàat yài
tuberculose (f)	วัณโรค	wan-ná-rôhk
choléra (m)	อหิวาตกโรค	a-hì-wâat-gà-rôhk
peste (f)	กาฬโรค	gaan-lá-rôhk

48. Les symptômes. Le traitement. Partie 1

symptôme (m)	อาการ	aa-gaan
température (f)	อุณหภูมิ	un-hà-phoom
fièvre (f)	อุณหภูมิสูง	un-hà-phoom sŏong
pouls (m)	ชีพจร	chêep-phá-jon
vertige (m)	อาการเวียนหัว	aa-gaan wian hŭa
chaud (adj)	ร้อน	rórn
frisson (m)	หนาวสั่น	năao sàn
pâle (adj)	หน้าเซียว	nâa sieow
toux (f)	การไอ	gaan ai
tousser (vi)	ไอ	ai

éternuer (vi)	จาม	jaam
évanouissement (m)	การเป็นลม	gaan bpen lom
s'évanouir (vp)	เป็นลม	bpen lom

bleu (m)	ฟกช้ำ	fók chám
bosse (f)	บวม	buam
se heurter (vp)	ชน	chon
meurtrissure (f)	รอยฟกช้ำ	roi fók chám
se faire mal	ได้รอยช้ำ	dâai roi chám

boiter (vi)	กะโผลกกะเผลก	gà-phlòhk-gà-phlàyk
foulure (f)	ขอหลุด	khôr lùt
se démettre (l'épaule, etc.)	ทำขอหลุด	tham khôr lùt
fracture (f)	กระดูกหัก	grà-dòok hàk
avoir une fracture	หักกระดูก	hàk grà-dòok

coupure (f)	รอยบาด	roi bàat
se couper (~ le doigt)	ทำบาด	tham bàat
hémorragie (f)	การเลือดไหล	gaan lêuat lǎi

brûlure (f)	แผลไฟไหม้	phlǎe fai mâi
se brûler (vp)	ได้รับแผลไฟไหม้	dâai ráp phlǎe fai mâi

se piquer (le doigt)	ตำ	dtam
se piquer (vp)	ตำตัวเอง	dtam dtua ayng
blesser (vt)	ทำให้บาดเจ็บ	tham hâi bàat jèp
blessure (f)	การบาดเจ็บ	gaan bàat jèp
plaie (f) (blessure)	แผล	phlǎe
trauma (m)	แผลบาดเจ็บ	phlǎe bàat jèp

délirer (vi)	คลุ้มคลั่ง	khlúm khlâng
bégayer (vi)	พูดตะกุกตะกัก	phôot dtà-gùk-dtà-gàk
insolation (f)	โรคลมแดด	rôhk lom dàet

49. Les symptômes. Le traitement. Partie 2

douleur (f)	ความเจ็บปวด	khwaam jèp bpùat
écharde (f)	เสี้ยน	sîan

sueur (f)	เหงื่อ	ngèua
suer (vi)	เหงื่อออก	ngèua òrk
vomissement (m)	การอาเจียน	gaan aa-jian
spasmes (m pl)	การชัก	gaan chák

enceinte (adj)	ตั้งครรภ์	dtâng khan
naître (vi)	เกิด	gèrt
accouchement (m)	การคลอด	gaan khlôrt
accoucher (vi)	คลอดบุตร	khlôrt bùt
avortement (m)	การแท้งบุตร	gaan tháeng bùt

respiration (f)	การหายใจ	gaan hǎai-jai
inhalation (f)	การหายใจเข้า	gaan hǎai-jai khâo
expiration (f)	การหายใจออก	gaan hǎai-jai òrk
expirer (vi)	หายใจออก	hǎai-jai òrk

inspirer (vi)	หายใจเข้า	hăai-jai khâo
invalide (m)	คนพิการ	khon phí-gaan
handicapé (m)	พิการ	phí-gaan
drogué (m)	ผู้ติดยาเสพติด	phôo dtìt yaa-sàyp-dtìt
sourd (adj)	หูหนวก	hŏo nùak
muet (adj)	เป็นใบ้	bpen bâi
sourd-muet (adj)	หูหนวกเป็นใบ้	hŏo nùak bpen bâi
fou (adj)	บ้า	bâa
fou (m)	คนบ้า	khon bâa
folle (f)	คนบ้า	khon bâa
devenir fou	เสียสติ	sĭa sà-dtì
gène (m)	ยีน	yeun
immunité (f)	ภูมิคุ้มกัน	phoom khúm gan
héréditaire (adj)	เป็นกรรมพันธุ์	bpen gam-má-phan
congénital (adj)	แต่กำเนิด	dtàe gam-nèrt
virus (m)	เชื้อไวรัส	chéua wai-rát
microbe (m)	จุลินทรีย์	jù-lin-see
bactérie (f)	แบคทีเรีย	bàek-tee-ria
infection (f)	การติดเชื้อ	gaan dtìt chéua

50. Les symptômes. Le traitement. Partie 3

hôpital (m)	โรงพยาบาล	rohng phá-yaa-baan
patient (m)	ผู้ป่วย	phôo bpùay
diagnostic (m)	การวินิจฉัยโรค	gaan wí-nít-chăi rôhk
cure (f) (faire une ~)	การรักษา	gaan rák-săa
traitement (m)	การรักษาทางการแพทย์	gaan rák-săa thaang gaan phâet
se faire soigner	รับการรักษา	ráp gaan rák-săa
traiter (un patient)	รักษา	rák-săa
soigner (un malade)	รักษา	rák-săa
soins (m pl)	การดูแลรักษา	gaan doo lae rák-săa
opération (f)	การผ่าตัด	gaan phàa dtàt
panser (vt)	พันแผล	phan phlăe
pansement (m)	การพันแผล	gaan phan phlăe
vaccination (f)	การฉีดวัคซีน	gaan chèet wák-seen
vacciner (vt)	ฉีดวัคซีน	chèet wák-seen
piqûre (f)	การฉีดยา	gaan chèet yaa
faire une piqûre	ฉีดยา	chèet yaa
crise, attaque (f)	มีอาการเฉียบพลัน	mee aa-gaan chìap phlan
amputation (f)	การตัดอวัยวะออก	gaan dtàt a-wai-wá òrk
amputer (vt)	ตัด	dtàt
coma (m)	อาการโคม่า	aa-gaan khoh-mâa
être dans le coma	อยู่ในอาการโคม่า	yòo nai aa-gaan khoh-mâa
réanimation (f)	หน่วยอภิบาล	nùay à-phí-baan
se rétablir (vp)	ฟื้นตัว	féun dtua

état (m) (de santé)	อาการ	aa-gaan
conscience (f)	สติสัมปชัญญะ	sà-dtì sǎm-bpà-chan-yá
mémoire (f)	ความทรงจำ	khwaam song jam
arracher (une dent)	ถอน	thǒrn
plombage (m)	การอุด	gaan ùt
plomber (vt)	อุด	ùt
hypnose (f)	การสะกดจิต	gaan sà-gòt jìt
hypnotiser (vt)	สะกดจิต	sà-gòt jìt

51. Les médecins

médecin (m)	แพทย์	phâet
infirmière (f)	พยาบาล	phá-yaa-baan
médecin (m) personnel	แพทย์ส่วนตัว	phâet sùan dtua
dentiste (m)	ทันตแพทย์	than-dtà phâet
ophtalmologiste (m)	จักษุแพทย์	jàk-sù phâet
généraliste (m)	อายุรแพทย์	aa-yú-rá-phâet
chirurgien (m)	ศัลยแพทย์	sǎn-yá-phâet
psychiatre (m)	จิตแพทย์	jìt-dtà-phâet
pédiatre (m)	กุมารแพทย์	gù-maan phâet
psychologue (m)	นักจิตวิทยา	nák jìt wít-thá-yaa
gynécologue (m)	นรีแพทย์	ná-ree phâet
cardiologue (m)	หทัยแพทย์	hà-thai phâet

52. Les médicaments. Les accessoires

médicament (m)	ยา	yaa
remède (m)	ยา	yaa
prescrire (vt)	จ่ายยา	jàai yaa
ordonnance (f)	ใบสั่งยา	bai sàng yaa
comprimé (m)	ยาเม็ด	yaa mét
onguent (m)	ยาทา	yaa thaa
ampoule (f)	หลอดยา	lòrt yaa
mixture (f)	ยาส่วนผสม	yaa sùan phà-sǒm
sirop (m)	น้ำเชื่อม	nám chêuam
pilule (f)	ยาเม็ด	yaa mét
poudre (f)	ยาผง	yaa phǒng
bande (f)	ผ้าพันแผล	phâa phan phlǎe
coton (m) (ouate)	สำลี	sǎm-lee
iode (m)	ไอโอดีน	ai oh-deen
sparadrap (m)	พลาสเตอร์	phláat-dtêr
compte-gouttes (m)	ที่หยอดตา	thêe yòrt dtaa
thermomètre (m)	ปรอท	bpa -ròrt
seringue (f)	เข็มฉีดยา	khěm chèet-yaa
fauteuil (m) roulant	รถเข็นคนพิการ	rót khěn khon phí-gaan

béquilles (f pl)	ไม้ค้ำยัน	máai khám yan
anesthésique (m)	ยาแกปวด	yaa gâe bpùat
purgatif (m)	ยาระบาย	yaa rá-baai
alcool (m)	เอธานอล	ay-thaa-norn
herbe (f) médicinale	สมุนไพร ทางการแพทย์	sà-mǔn phrai thaang gaan phâet
d'herbes (adj)	สมุนไพร	sà-mǔn phrai

L'HABITAT HUMAIN

La ville

53. La ville. La vie urbaine

ville (f)	เมือง	meuang
capitale (f)	เมืองหลวง	meuang lŭang
village (m)	หมู่บ้าน	mòo bâan
plan (m) de la ville	แผนที่เมือง	phăen thêe meuang
centre-ville (m)	ใจกลางเมือง	jai glaang-meuang
banlieue (f)	ชานเมือง	chaan meuang
de banlieue (adj)	ชานเมือง	chaan meuang
périphérie (f)	รอบนอกเมือง	rôrp nôrk meuang
alentours (m pl)	เขตรอบเมือง	khàyt rôrp-meuang
quartier (m)	บล็อกผังเมือง	blòrk phăng meuang
quartier (m) résidentiel	บล็อกที่อยู่อาศัย	blòrk thêe yòo aa-săi
trafic (m)	การจราจร	gaan jà-raa-jon
feux (m pl) de circulation	ไฟจราจร	fai jà-raa-jon
transport (m) urbain	ขนส่งมวลชน	khŏn sòng muan chon
carrefour (m)	สี่แยก	sèe yâek
passage (m) piéton	ทางม้าลาย	thaang máa laai
passage (m) souterrain	อุโมงค์คนเดิน	u-mohng kon dern
traverser (vt)	ข้าม	khâam
piéton (m)	คนเดินเท้า	khon dern tháo
trottoir (m)	ทางเท้า	thaang tháo
pont (m)	สะพาน	sà-phaan
quai (m)	ทางเลียบแม่น้ำ	thaang lîap mâe náam
fontaine (f)	น้ำพุ	nám phú
allée (f)	ทางเลียบสวน	thaang lîap sŭan
parc (m)	สวน	sŭan
boulevard (m)	ถนนกว้าง	thà-nŏn gwâang
place (f)	จัตุรัส	jàt-dtù-ràt
avenue (f)	ถนนใหญ่	thà-nŏn yài
rue (f)	ถนน	thà-nŏn
ruelle (f)	ซอย	soi
impasse (f)	ทางตัน	thaang dtan
maison (f)	บ้าน	bâan
édifice (m)	อาคาร	aa-khaan
gratte-ciel (m)	ตึกระฟ้า	dtèuk rá-fáa
façade (f)	ด้านหน้าอาคาร	dâan-nâa aa-khaan
toit (m)	หลังคา	lăng khaa

fenêtre (f)	หน้าต่าง	nâa dtàang
arc (m)	ซุ้มประตู	súm bprà-dtoo
colonne (f)	เสา	săo
coin (m)	มุม	mum

vitrine (f)	หน้าต่างร้านค้า	nâa dtàang ráan kháa
enseigne (f)	ป้ายร้าน	bpâai ráan
affiche (f)	โปสเตอร์	bpòht-dtêr
affiche (f) publicitaire	ป้ายโฆษณา	bpâai khôht-sà-naa
panneau-réclame (m)	กระดานปิดประกาศโฆษณา	grà-daan bpìt bprà-gàat khôht-sà-naa

ordures (f pl)	ขยะ	khà-yà
poubelle (f)	ถุงขยะ	thăng khà-yà
jeter à terre	ทิ้งขยะ	thíng khà-yà
décharge (f)	ที่ทิ้งขยะ	thêe thíng khà-yà

cabine (f) téléphonique	ตู้โทรศัพท์	dtôo thoh-rá-sàp
réverbère (m)	เสาโคม	săo khohm
banc (m)	ม้านั่ง	máa nâng

policier (m)	เจ้าหน้าที่ตำรวจ	jâo nâa-thêe dtam-rùat
police (f)	ตำรวจ	dtam-rùat
clochard (m)	ขอทาน	khŏr thaan
sans-abri (m)	คนไร้บ้าน	khon rái bâan

54. Les institutions urbaines

magasin (m)	ร้านค้า	ráan kháa
pharmacie (f)	ร้านขายยา	ráan khăai yaa
opticien (m)	ร้านตัดแว่น	ráan dtàt wâen
centre (m) commercial	ศูนย์การค้า	sŏon gaan kháa
supermarché (m)	ซูเปอร์มาร์เก็ต	soo-bper-maa-gèt

boulangerie (f)	ร้านขนมปัง	ráan khà-nŏm bpang
boulanger (m)	คนอบขนมปัง	khon òp khà-nŏm bpang
pâtisserie (f)	ร้านขนม	ráan khà-nŏm
épicerie (f)	ร้านขายของชำ	ráan khăai khŏrng cham
boucherie (f)	ร้านขายเนื้อ	ráan khăai néua

| magasin (m) de légumes | ร้านขายผัก | ráan khăai phàk |
| marché (m) | ตลาด | dtà-làat |

salon (m) de café	ร้านกาแฟ	ráan gaa-fae
restaurant (m)	ร้านอาหาร	ráan aa-hăan
brasserie (f)	บาร์	baa
pizzeria (f)	ร้านพิซซ่า	ráan phís-sâa

salon (m) de coiffure	ร้านทำผม	ráan tham phŏm
poste (f)	โรงไปรษณีย์	rohng bprai-sà-nee
pressing (m)	ร้านซักแห้ง	ráan sák hâeng
atelier (m) de photo	ห้องถ่ายภาพ	hôrng thàai phâap
magasin (m) de chaussures	ร้านขายรองเท้า	ráan khăai rorng táo
librairie (f)	ร้านขายหนังสือ	ráan khăai năng-sĕu

magasin (m) d'articles de sport	ร้านขายอุปกรณ์กีฬา	ráan khăai u-bpà-gon gee-laa
atelier (m) de retouche	ร้านซ่อมเสื้อผ้า	ráan sôrm sêua phâa
location (f) de vêtements	ร้านเช่าเสื้อออกงาน	ráan châo sêua òrk ngaan
location (f) de films	ร้านเช่าวิดีโอ	ráan châo wí-dee-oh
cirque (m)	โรงละครสัตว์	rohng lá-khon sàt
zoo (m)	สวนสัตว์	sŭan sàt
cinéma (m)	โรงภาพยนตร์	rohng phâap-phá-yon
musée (m)	พิพิธภัณฑ์	phí-phítha phan
bibliothèque (f)	ห้องสมุด	hôrng sà-mùt
théâtre (m)	โรงละคร	rohng lá-khon
opéra (m)	โรงอุปรากร	rohng ù-bpà-raa-gon
boîte (f) de nuit	ไนท์คลับ	nai-kháp
casino (m)	คาสิโน	khaa-sì-noh
mosquée (f)	สุเหร่า	sù-rào
synagogue (f)	โบสถ์ยิว	bòht yiw
cathédrale (f)	อาสนวิหาร	aa sŏn wí-hăan
temple (m)	วิหาร	wí-hăan
église (f)	โบสถ์	bòht
institut (m)	วิทยาลัย	wít-thá-yaa-lai
université (f)	มหาวิทยาลัย	má-hăa wít-thá-yaa-lai
école (f)	โรงเรียน	rohng rian
préfecture (f)	ศาลากลางจังหวัด	săa-laa glaang jang-wàt
mairie (f)	ศาลาเทศบาล	săa-laa thâyt-sà-baan
hôtel (m)	โรงแรม	rohng raem
banque (f)	ธนาคาร	thá-naa-khaan
ambassade (f)	สถานทูต	sà-thăan thôot
agence (f) de voyages	บริษัททัวร์	bor-rí-sàt thua
bureau (m) d'information	สำนักงานศูนย์ข้อมูล	săm-nák ngaan sŏon khôr moon
bureau (m) de change	ร้านแลกเงิน	ráan lâek ngern
métro (m)	รถไฟใต้ดิน	rót fai dtâi din
hôpital (m)	โรงพยาบาล	rohng phá-yaa-baan
station-service (f)	ปั๊มน้ำมัน	bpám náam man
parking (m)	ลานจอดรถ	laan jòrt rót

55. Les enseignes. Les panneaux

enseigne (f)	ป้ายร้าน	bpâai ráan
pancarte (f)	ป้ายเตือน	bpâai dteuan
poster (m)	โปสเตอร์	bpòht-dtêr
indicateur (m) de direction	ป้ายบอกทาง	bpâai bòrk thaang
flèche (f)	ลูกศร	lôok sŏn
avertissement (m)	คำเตือน	kham dteuan
panneau d'avertissement	ป้ายเตือน	bpâai dteuan
avertir (vt)	เตือน	dteuan

jour (m) de repos	วันหยุด	wan yùt
horaire (m)	ตารางเวลา	dtaa-raang way-laa
heures (f pl) d'ouverture	เวลาทำการ	way-laa tham gaan
BIENVENUE!	ยินดีต้อนรับ!	yin dee dtôrn ráp
ENTRÉE	ทางเข้า	thaang khâo
SORTIE	ทางออก	thaang òrk
POUSSER	ผลัก	phlàk
TIRER	ดึง	deung
OUVERT	เปิด	bpèrt
FERMÉ	ปิด	bpìt
FEMMES	หญิง	yĭng
HOMMES	ชาย	chaai
RABAIS	ลดราคา	lót raa-khaa
SOLDES	ขายของลดราคา	khăai khŏrng lót raa-khaa
NOUVEAU!	ใหม่!	mài
GRATUIT	ฟรี	free
ATTENTION!	โปรดทราบ!	bpròht sâap
COMPLET	ไม่มีห้องว่าง	mâi mee hôrng wâang
RÉSERVÉ	จองแล้ว	jorng láew
ADMINISTRATION	สำนักงาน	săm-nák ngaan
RÉSERVÉ AU PERSONNEL	เฉพาะพนักงาน	chà-phór phá-nák ngaan
ATTENTION CHIEN MÉCHANT	ระวังสุนัข!	rá-wang sù-nák
DÉFENSE DE FUMER	ห้ามสูบบุหรี่	hâam sòop bù rèe
PRIÈRE DE NE PAS TOUCHER	ห้ามแตะ!	hâam dtàe
DANGEREUX	อันตราย	an-dtà-raai
DANGER	อันตราย	an-dtà-raai
HAUTE TENSION	ไฟฟ้าแรงสูง	fai fáa raeng sŏong
BAIGNADE INTERDITE	ห้ามว่ายน้ำ!	hâam wâai náam
HORS SERVICE	เสีย	sĭa
INFLAMMABLE	อันตรายติดไฟ	an-dtà-raai dtìt fai
INTERDIT	ห้าม	hâam
PASSAGE INTERDIT	ห้ามผ่าน!	hâam phàan
PEINTURE FRAÎCHE	สีพื้นเปียก	sĕe phéun bpìak

56. Les transports en commun

autobus (m)	รถเมล์	rót may
tramway (m)	รถราง	rót raang
trolleybus (m)	รถโดยสารประจำทางไฟฟ้า	rót doi săan bprà-jam thaang fai fáa
itinéraire (m)	เส้นทาง	sên thaang
numéro (m)	หมายเลข	măai lâyk
prendre ...	ไปด้วย	bpai dûay

monter (dans l'autobus)	ขึ้น	khêun
descendre de …	ลง	long
arrêt (m)	ป้าย	bpâai
arrêt (m) prochain	ป้ายถัดไป	bpâai thàt bpai
terminus (m)	ป้ายสุดท้าย	bpâai sùt tháai
horaire (m)	ตารางเวลา	dtaa-raang way-laa
attendre (vt)	รอ	ror
ticket (m)	ตั๋ว	dtŭa
prix (m) du ticket	ค่าตั๋ว	khâa dtŭa
caissier (m)	คนขายตั๋ว	khon khăai dtŭa
contrôle (m) des tickets	การตรวจตั๋ว	gaan dtrùat dtŭa
contrôleur (m)	พนักงานตรวจตั๋ว	phá-nák ngaan dtrùat dtŭa
être en retard	ไปสาย	bpai săai
rater (~ le train)	พลาด	phlâat
se dépêcher	รีบเร่ง	rêep râyng
taxi (m)	แท็กซี่	tháek-sêe
chauffeur (m) de taxi	คนขับแท็กซี่	khon khàp tháek-sêe
en taxi	โดยแท็กซี่	doi tháek-sêe
arrêt (m) de taxi	ป้ายจอดแท็กซี่	bpâai jòrt tháek sêe
appeler un taxi	เรียกแท็กซี่	rîak tháek sêe
prendre un taxi	ขึ้นรถแท็กซี่	khêun rót tháek-sêe
trafic (m)	การจราจร	gaan jà-raa-jon
embouteillage (m)	การจราจรติดขัด	gaan jà-raa-jon dtìt khàt
heures (f pl) de pointe	ชั่วโมงเร่งด่วน	chûa mohng râyng dùan
se garer (vp)	จอด	jòrt
garer (vt)	จอด	jòrt
parking (m)	ลานจอดรถ	laan jòrt rót
métro (m)	รถไฟใต้ดิน	rót fai dtâi din
station (f)	สถานี	sà-thăa-nee
prendre le métro	ขึ้นรถไฟใต้ดิน	khêun rót fai dtâi din
train (m)	รถไฟ	rót fai
gare (f)	สถานีรถไฟ	sà-thăa-nee rót fai

57. Le tourisme

monument (m)	อนุสาวรีย์	a-nú-săa-wá-ree
forteresse (f)	ป้อม	bpôrm
palais (m)	วัง	wang
château (m)	ปราสาท	bpraa-sàat
tour (f)	หอ	hŏr
mausolée (m)	สุสาน	sù-săan
architecture (f)	สถาปัตยกรรม	sà-thăa-bpàt-dtà-yá-gam
médiéval (adj)	ยุคกลาง	yúk glaang
ancien (adj)	โบราณ	boh-raan
national (adj)	แห่งชาติ	hàeng châat
connu (adj)	ที่มีชื่อเสียง	thêe mee chêu-sĭang

touriste (m)	นักท่องเที่ยว	nák thôrng thîeow
guide (m) (personne)	มัคคุเทศก์	mák-khú-thâyt
excursion (f)	ทัศนศึกษา	thát-sà-ná-sèuk-săa
montrer (vt)	แสดง	sà-daeng
raconter (une histoire)	เล่า	lâo

trouver (vt)	หาพบ	hăa phóp
se perdre (vp)	หลงทาง	lŏng thaang
plan (m) (du metro, etc.)	แผนที่	phăen thêe
carte (f) (de la ville, etc.)	แผนที่	phăen thêe

souvenir (m)	ของที่ระลึก	khŏrng thêe rá-léuk
boutique (f) de souvenirs	ร้านขายของที่ระลึก	ráan khăai khŏrng thêe rá-léuk
prendre en photo	ถ่ายภาพ	thàai phâap
se faire prendre en photo	ได้รับการถ่ายภาพให้	dâai ráp gaan thàai phâap hâi

58. Le shopping

acheter (vt)	ซื้อ	séu
achat (m)	ของซื้อ	khŏrng séu
faire des achats	ไปซื้อของ	bpai séu khŏrng
shopping (m)	การชอปปิง	gaan chôp bping

être ouvert	เปิด	bpèrt
être fermé	ปิด	bpìt

chaussures (f pl)	รองเท้า	rorng tháo
vêtement (m)	เสื้อผ้า	sêua phâa
produits (m pl) de beauté	เครื่องสำอาง	khrêuang săm-aang
produits (m pl) alimentaires	อาหาร	aa-hăan
cadeau (m)	ของขวัญ	khŏrng khwăn

vendeur (m)	พนักงานขาย	phá-nák ngaan khăai
vendeuse (f)	พนักงานขาย	phá-nák ngaan khăai

caisse (f)	ที่จ่ายเงิน	thêe jàai ngern
miroir (m)	กระจก	grà-jòk
comptoir (m)	เคาน์เตอร์	khao-dtêr
cabine (f) d'essayage	ห้องลองเสื้อผ้า	hôrng lorng sêua phâa

essayer (robe, etc.)	ลอง	lorng
aller bien (robe, etc.)	เหมาะ	mò
plaire (être apprécié)	ชอบ	chôrp

prix (m)	ราคา	raa-khaa
étiquette (f) de prix	ป้ายราคา	bpâai raa-khaa
coûter (vt)	ราคา	raa-khaa
Combien?	ราคาเท่าไหร่?	raa-khaa thâo rài
rabais (m)	ลดราคา	lót raa-khaa

pas cher (adj)	ไม่แพง	mâi phaeng
bon marché (adj)	ถูก	thòok

cher (adj)	แพง	phaeng
C'est cher	มันราคาแพง	man raa-khaa phaeng
location (f)	การเช่า	gaan châo
louer (une voiture, etc.)	เช่า	châo
crédit (m)	สินเชื่อ	sĭn chêua
à crédit (adv)	ซื้อเงินเชื่อ	séu ngern chêua

59. L'argent

argent (m)	เงิน	ngern
échange (m)	การแลกเปลี่ยนสกุลเงิน	gaan lâek bplìan sà-gun ngern
cours (m) de change	อัตราแลกเปลี่ยนสกุลเงิน	àt-dtraa lâek bplìan sà-gun ngern
distributeur (m)	เอทีเอ็ม	ay-thee-em
monnaie (f)	เหรียญ	rĭan
dollar (m)	ดอลลาร์	dorn-lâa
euro (m)	ยูโร	yoo-roh
lire (f)	ลีราอิตาลี	lee-raa ì-dtaa-lee
mark (m) allemand	มาร์ค	mâak
franc (m)	ฟรังค์	frang
livre sterling (f)	ปอนด์สเตอร์ลิง	bporn sà-dtêr-ling
yen (m)	เยน	yayn
dette (f)	หนี้	nêe
débiteur (m)	ลูกหนี้	lôok nêe
prêter (vt)	ให้ยืม	hâi yeum
emprunter (vt)	ขอยืม	khŏr yeum
banque (f)	ธนาคาร	thá-naa-khaan
compte (m)	บัญชี	ban-chee
verser (dans le compte)	ฝาก	fàak
verser dans le compte	ฝากเงินเข้าบัญชี	fàak ngern khâo ban-chee
retirer du compte	ถอน	thŏrn
carte (f) de crédit	บัตรเครดิต	bàt khray-dìt
espèces (f pl)	เงินสด	ngern sòt
chèque (m)	เช็ค	chék
faire un chèque	เขียนเช็ค	khĭan chék
chéquier (m)	สมุดเช็ค	sà-mùt chék
portefeuille (m)	กระเป๋าเงิน	grà-bpăo ngern
bourse (f)	กระเป๋าสตางค์	grà-bpăo sà-dtaang
coffre fort (m)	ตู้เซฟ	dtôo sâyf
héritier (m)	ทายาท	thaa-yâat
héritage (m)	มรดก	mor-rá-dòrk
fortune (f)	เงินจำนวนมาก	ngern jam-nuan mâak
location (f)	สัญญาเช่า	săn-yaa châo
loyer (m) (argent)	ค่าเช่า	kâa châo

louer (prendre en location)	เช่า	châo
prix (m)	ราคา	raa-khaa
coût (m)	ราคา	raa-khaa
somme (f)	จำนวนเงินรวม	jam-nuan ngern ruam
dépenser (vt)	จ่าย	jàai
dépenses (f pl)	ค่าจ่าย	khâa jàai
économiser (vt)	ประหยัด	bprà-yàt
économe (adj)	ประหยัด	bprà-yàt
payer (régler)	จ่าย	jàai
paiement (m)	การจ่ายเงิน	gaan jàai ngern
monnaie (f) (rendre la ~)	เงินทอน	ngern thorn
impôt (m)	ภาษี	phaa-sěe
amende (f)	ค่าปรับ	khâa bpràp
mettre une amende	ปรับ	bpràp

60. La poste. Les services postaux

poste (f)	โรงไปรษณีย์	rohng bprai-sà-nee
courrier (m) (lettres, etc.)	จดหมาย	jòt mǎai
facteur (m)	บุรุษไปรษณีย์	bù-rùt bprai-sà-nee
heures (f pl) d'ouverture	เวลาทำการ	way-laa tham gaan
lettre (f)	จดหมาย	jòt mǎai
recommandé (m)	จดหมายลงทะเบียน	jòt mǎai long thá-bian
carte (f) postale	ไปรษณียบัตร	bprai-sà-nee-yá-bàt
télégramme (m)	โทรเลข	thoh-rá-lâyk
colis (m)	พัสดุ	phát-sà-dù
mandat (m) postal	การโอนเงิน	gaan ohn ngern
recevoir (vt)	รับ	ráp
envoyer (vt)	ฝาก	fàak
envoi (m)	การฝาก	gaan fàak
adresse (f)	ที่อยู่	thêe yòo
code (m) postal	รหัสไปรษณีย์	rá-hàt bprai-sà-nee
expéditeur (m)	ผู้ฝาก	phôo fàak
destinataire (m)	ผู้รับ	phôo ráp
prénom (m)	ชื่อ	chêu
nom (m) de famille	นามสกุล	naam sà-gun
tarif (m)	อัตราค่าส่งไปรษณีย์	àt-dtraa khâa sòng bprai-sà-nee
normal (adj)	มาตรฐาน	mâat-dtrà-thǎan
économique (adj)	ประหยัด	bprà-yàt
poids (m)	น้ำหนัก	nám nàk
peser (~ les lettres)	มีน้ำหนัก	mee nám nàk
enveloppe (f)	ซอง	sorng
timbre (m)	แสตมป์ไปรษณีย์	sà-dtaem bprai-sà-nee
timbrer (vt)	แสตมป์ตราประทับบนซอง	sà-dtaem dtraa bprà-tháp bon song

Le logement. La maison. Le foyer

61. La maison. L'électricité

électricité (f)	ไฟฟ้า	fai fáa
ampoule (f)	หลอดไฟฟ้า	lòrt fai fáa
interrupteur (m)	ปุ่มปิดเปิดไฟ	bpùm bpìt bpèrt fai
plomb, fusible (m)	ฟิวส์	fiw
fil (m) (~ électrique)	สายไฟฟ้า	săai fai fáa
installation (f) électrique	การเดินสายไฟ	gaan dern săai fai
compteur (m) électrique	มิเตอร์วัดไฟฟ้า	mí-dtêr wát fai fáa
relevé (m)	คามิเตอร์	khâa mí-dtêr

62. La villa et le manoir

maison (f) de campagne	บ้านสไตล์คันทรี่	bâan sà-dtai khan trêe
villa (f)	คฤหาสน์	khá-réu-hàat
aile (f) (~ ouest)	สวน	sùan
jardin (m)	สวน	sŭan
parc (m)	สวน	sŭan
serre (f) tropicale	เรือนกระจกเขตร้อน	reuan grà-jòk khàyt rórn
s'occuper (~ du jardin)	ดูแล	doo lae
piscine (f)	สระว่ายน้ำ	sà wâai náam
salle (f) de gym	โรงยิม	rohng-yim
court (m) de tennis	สนามเทนนิส	sà-năam then-nít
salle (f) de cinéma	ห้องฉายหนัง	hôrng chăai năng
garage (m)	โรงรถ	rohng rót
propriété (f) privée	ทรัพย์สินส่วนบุคคล	sáp sĭn sùan bùk-khon
terrain (m) privé	ที่ดินส่วนบุคคล	thêe din sùan bùk-khon
avertissement (m)	คำเตือน	kham dteuan
panneau d'avertissement	ป้ายเตือน	bpâai dteuan
sécurité (f)	ผู้รักษาความปลอดภัย	phôo rák-săa khwaam bplòrt phai
agent (m) de sécurité	ยาม	yaam
alarme (f) antivol	สัญญาณกันขโมย	săn-yaan gan khà-moi

63. L'appartement

appartement (m)	อพาร์ตเมนต์	a-phâat-mayn
chambre (f)	ห้อง	hôrng

chambre (f) à coucher	ห้องนอน	hôrng norn
salle (f) à manger	ห้องรับประทานอาหาร	hôrng ráp bprà-thaan aa-hǎan
salon (m)	ห้องนั่งเล่น	hôrng nâng lên
bureau (m)	ห้องทำงาน	hôrng tham ngaan
antichambre (f)	ห้องเข้า	hôrng khâo
salle (f) de bains	ห้องน้ำ	hôrng náam
toilettes (f pl)	ห้องส้วม	hôrng sûam
plafond (m)	เพดาน	phay-daan
plancher (m)	พื้น	phéun
coin (m)	มุม	mum

64. Les meubles. L'intérieur

meubles (m pl)	เครื่องเรือน	khrêuang reuan
table (f)	โต๊ะ	dtó
chaise (f)	เก้าอี้	gâo-êe
lit (m)	เตียง	dtiang
canapé (m)	โซฟา	soh-faa
fauteuil (m)	เก้าอี้ท้าวแขน	gâo-êe tháo khǎen
bibliothèque (f) (meuble)	ตู้หนังสือ	dtôo nǎng-sěu
rayon (m)	ชั้นวาง	chán waang
armoire (f)	ตู้เสื้อผ้า	dtôo sêua phâa
patère (f)	ที่แขวนเสื้อ	thêe khwǎen sêua
portemanteau (m)	ไม้แขวนเสื้อ	mái khwǎen sêua
commode (f)	ตู้ลิ้นชัก	dtôo lín chák
table (f) basse	โต๊ะกาแฟ	dtó gaa-fae
miroir (m)	กระจก	grà-jòk
tapis (m)	พรม	phrom
petit tapis (m)	พรมเช็ดเท้า	phrom chét tháo
cheminée (f)	เตาผิง	dtao phǐng
bougie (f)	เทียน	thian
chandelier (m)	เชิงเทียน	cherng thian
rideaux (m pl)	ผ้าแขวน	phâa khwǎen
papier (m) peint	วอลเปเปอร์	worn-bpay-bper
jalousie (f)	บานเกล็ดหน้าต่าง	baan glèt nâa dtàang
lampe (f) de table	โคมไฟตั้งโต๊ะ	khohm fai dtâng dtó
applique (f)	ไฟติดผนัง	fai dtìt phà-nǎng
lampadaire (m)	โคมไฟตั้งพื้น	khohm fai dtâng phéun
lustre (m)	โคมระย้า	khohm rá-yáa
pied (m) (~ de la table)	ขา	khǎa
accoudoir (m)	ที่พักแขน	thêe phák khǎen
dossier (m)	พนักพิง	phá-nák phing
tiroir (m)	ลิ้นชัก	lín chák

65. La literie

linge (m) de lit	ชุดผ้าปูที่นอน	chút phâa bpoo thêe norn
oreiller (m)	หมอน	mŏrn
taie (f) d'oreiller	ปลอกหมอน	bplòk mŏrn
couverture (f)	ผ้าผวย	phâa phŭay
drap (m)	ผ้าปู	phâa bpoo
couvre-lit (m)	ผ้าคลุมเตียง	phâa khlum dtiang

66. La cuisine

cuisine (f)	ห้องครัว	hôrng khrua
gaz (m)	แก๊ส	gáet
cuisinière (f) à gaz	เตาแก๊ส	dtao gàet
cuisinière (f) électrique	เตาไฟฟ้า	dtao fai-fáa
four (m)	เตาอบ	dtao òp
four (m) micro-ondes	เตาอบไมโครเวฟ	dtao òp mai-khroh-we p
réfrigérateur (m)	ตู้เย็น	dtôo yen
congélateur (m)	ตู้แช่แข็ง	dtôo châe khăeng
lave-vaisselle (m)	เครื่องล้างจาน	khrêuang láang jaan
hachoir (m) à viande	เครื่องบดเนื้อ	khrêuang bòt néua
centrifugeuse (f)	เครื่องคั้นน้ำผลไม้	khrêuang khán náam phŏn-lá-mái
grille-pain (m)	เครื่องปิ้งขนมปัง	khrêuang bpîng khà-nŏm bpang
batteur (m)	เครื่องปั่น	khrêuang bpàn
machine (f) à café	เครื่องชงกาแฟ	khrêuang chong gaa-fae
cafetière (f)	หม้อกาแฟ	môr gaa-fae
moulin (m) à café	เครื่องบดกาแฟ	khrêuang bòt gaa-fae
bouilloire (f)	กาน้ำ	gaa náam
théière (f)	กาน้ำชา	gaa náam chaa
couvercle (m)	ฝา	făa
passoire (f) à thé	ที่กรองชา	thêe grorng chaa
cuillère (f)	ช้อน	chórn
petite cuillère (f)	ช้อนชา	chórn chaa
cuillère (f) à soupe	ช้อนซุป	chórn súp
fourchette (f)	ส้อม	sôrm
couteau (m)	มีด	mêet
vaisselle (f)	ถ้วยชาม	thûay chaam
assiette (f)	จาน	jaan
soucoupe (f)	จานรอง	jaan rorng
verre (m) à shot	แก้วช็อต	gâew chórt
verre (m) (~ d'eau)	แก้ว	gâew
tasse (f)	ถ้วย	thûay
sucrier (m)	โถน้ำตาล	thŏh náam dtaan
salière (f)	กระปุกเกลือ	grà-bpùk gleua

poivrière (f)	กระปุกพริกไท	grà-bpùk phrík thai
beurrier (m)	ที่ใส่เนย	thêe sài noie
casserole (f)	หม้อต้ม	môr dtôm
poêle (f)	กระทะ	grà-thá
louche (f)	กระบวย	grà-buay
passoire (f)	กระชอน	grà chorn
plateau (m)	ถาด	thàat
bouteille (f)	ขวด	khùat
bocal (m) (à conserves)	ขวดโหล	khùat lǒh
boîte (f) en fer-blanc	กระป๋อง	grà-bpǒrng
ouvre-bouteille (m)	ที่เปิดขวด	thêe bpèrt khùat
ouvre-boîte (m)	ที่เปิดกระป๋อง	thêe bpèrt grà-bpǒrng
tire-bouchon (m)	ที่เปิดจุก	thêe bpèrt jùk
filtre (m)	ที่กรอง	thêe grorng
filtrer (vt)	กรอง	grorng
ordures (f pl)	ขยะ	khà-yà
poubelle (f)	ถังขยะ	thǎng khà-yà

67. La salle de bains

salle (f) de bains	ห้องน้ำ	hôrng náam
eau (f)	น้ำ	nám
robinet (m)	ก๊อกน้ำ	gòk náam
eau (f) chaude	น้ำร้อน	nám rórn
eau (f) froide	น้ำเย็น	nám yen
dentifrice (m)	ยาสีฟัน	yaa sěe fan
se brosser les dents	แปรงฟัน	bpraeng fan
brosse (f) à dents	แปรงสีฟัน	bpraeng sěe fan
se raser (vp)	โกน	gohn
mousse (f) à raser	โฟมโกนหนวด	fohm gohn nùat
rasoir (m)	มีดโกน	mêet gohn
laver (vt)	ล้าง	láang
se laver (vp)	อาบ	àap
douche (f)	ฝักบัว	fàk bua
prendre une douche	อาบน้ำฝักบัว	àap náam fàk bua
baignoire (f)	อ่างอาบน้ำ	àang àap náam
cuvette (f)	โถชักโครก	thǒh chák khrôhk
lavabo (m)	อางล้างหน้า	àang láang-nâa
savon (m)	สบู่	sà-bòo
porte-savon (m)	ที่ใส่สบู่	thêe sài sà-bòo
éponge (f)	ฟองน้ำ	forng náam
shampooing (m)	แชมพู	chaem-phoo
serviette (f)	ผ้าเช็ดตัว	phâa chét dtua
peignoir (m) de bain	เสื้อคลุมอาบน้ำ	sêua khlum àap náam

lessive (f) (faire la ~)	การซักผ้า	gaan sák phâa
machine (f) à laver	เครื่องซักผ้า	khrêuang sák phâa
faire la lessive	ซักผ้า	sák phâa
lessive (f) (poudre)	ผงซักฟอก	phǒng sák-fôrk

68. Les appareils électroménagers

téléviseur (m)	ทีวี	thee-wee
magnétophone (m)	เครื่องบันทึกเทป	khrêuang ban-théuk thâyp
magnétoscope (m)	เครื่องบันทึกวิดีโอ	khrêuang ban-théuk wí-dee-oh
radio (f)	วิทยุ	wít-thá-yú
lecteur (m)	เครื่องเล่น	khrêuang lên
vidéoprojecteur (m)	โปรเจ็คเตอร์	bproh-jèk-dtêr
home cinéma (m)	เครื่องฉายภาพยนตร์ที่บ้าน	khhrêuang chǎai phâap-phá yon thêe bâan
lecteur DVD (m)	เครื่องเล่น DVD	khrêuang lên dee-wee-dee
amplificateur (m)	เครื่องขยายเสียง	khrêuang khà-yǎai sǐang
console (f) de jeux	เครื่องเกมคอนโซล	khrêuang gaym khorn sohn
caméscope (m)	กล้องถ่ายวิดีโอ	glôrng thàai wí-dee-oh
appareil (m) photo	กล้องถ่ายรูป	glôrng thàai rôop
appareil (m) photo numérique	กล้องดิจิตอล	glôrng dì-jì-dton
aspirateur (m)	เครื่องดูดฝุ่น	khrêuang dòot fùn
fer (m) à repasser	เตารีด	dtao rêet
planche (f) à repasser	กระดานรองรีด	grà-daan rorng rêet
téléphone (m)	โทรศัพท์	thoh-rá-sàp
portable (m)	มือถือ	meu thěu
machine (f) à écrire	เครื่องพิมพ์ดีด	khrêuang phim dèet
machine (f) à coudre	จักรเย็บผ้า	jàk yép phâa
micro (m)	ไมโครโฟน	mai-khroh-fohn
écouteurs (m pl)	หูฟัง	hǒo fang
télécommande (f)	รีโมตทีวี	ree môht thee wee
CD (m)	CD	see-dee
cassette (f)	เทป	thâyp
disque (m) (vinyle)	จานเสียง	jaan sǐang

LES ACTIVITÉS HUMAINS

Le travail. Les affaires. Partie 1

69. Le bureau. La vie de bureau

bureau (m) (établissement)	สำนักงาน	săm-nák ngaan
bureau (m) (au travail)	ห้องทำงาน	hôrng tham ngaan
accueil (m)	แผนกต้อนรับ	phà-nàek dtôrn ráp
secrétaire (m)	เลขา	lay-khăa
secrétaire (f)	เลขา	lay-khăa
directeur (m)	ผู้อำนวยการ	phôo am-nuay gaan
manager (m)	ผู้จัดการ	phôo jàt gaan
comptable (m)	คนทำบัญชี	khon tham ban-chee
collaborateur (m)	พนักงาน	phá-nák ngaan
meubles (m pl)	เครื่องเรือน	khrêuang reuan
bureau (m)	โต๊ะ	dtó
fauteuil (m)	เก้าอี้สำนักงาน	gâo-êe săm-nák ngaan
classeur (m) à tiroirs	ตู้มีลิ้นชัก	dtôo mee lín chák
portemanteau (m)	ไม้แขวนเสื้อ	mái khwăen sêua
ordinateur (m)	คอมพิวเตอร์	khorm-phiw-dtêr
imprimante (f)	เครื่องพิมพ์	khrêuang phim
fax (m)	เครื่องโทรสาร	khrêuang thoh-rá-săan
copieuse (f)	เครื่องอัดสำเนา	khrêuang àt săm-nao
papier (m)	กระดาษ	grà-dàat
papeterie (f)	เครื่องใช้สำนักงาน	khrêuang chái săm-nák ngaan
tapis (m) de souris	แผ่นรองเมาส์	phàen rorng mao
feuille (f)	ใบ	bai
classeur (m)	แฟ้ม	fáem
catalogue (m)	บัญชีรายชื่อ	ban-chee raai chêu
annuaire (m)	สมุดโทรศัพท์	sà-mùt thoh-rá-sàp
documents (m pl)	เอกสาร	àyk săan
brochure (f)	โบรชัวร์	broh-chua
prospectus (m)	ใบปลิว	bai bpliw
échantillon (m)	ตัวอย่าง	dtua yàang
formation (f)	การประชุมฝึกอบรม	gaan bprà-chum fèuk òp-rom
réunion (f)	การประชุม	gaan bprà-chum
pause (f) déjeuner	การพักเที่ยง	gaan phák thîang
faire une copie	ทำสำเนา	tham săm-nao
faire des copies	ทำสำเนาหลายฉบับ	tham săm-nao lăai chà-bàp
recevoir un fax	รับโทรสาร	ráp thoh-rá-săan

envoyer un fax	ส่งโทรสาร	sòng thoh-rá-săan
téléphoner, appeler	โทรศัพท์	thoh-rá-sàp
répondre (vi, vt)	รับสาย	ráp săai
passer (au téléphone)	โอนสาย	ohn săai
fixer (rendez-vous)	นัด	nát
montrer (un échantillon)	สาธิต	săa-thít
être absent	ขาด	khàat
absence (f)	การขาด	gaan khàat

70. Les processus d'affaires. Partie 1

affaire (f) (business)	ธุรกิจ	thú-rá gìt
métier (m)	อาชีพ	aa-chêep
firme (f), société (f)	บริษัท	bor-rí-sàt
compagnie (f)	บริษัท	bor-rí-sàt
corporation (f)	บริษัท	bor-rí-sàt
entreprise (f)	บริษัท	bor-rí-sàt
agence (f)	สำนักงาน	săm-nák ngaan
accord (m)	ข้อตกลง	khôr dtòk long
contrat (m)	สัญญา	săn-yaa
marché (m) (accord)	ข้อตกลง	khôr dtòk long
commande (f)	การสั่ง	gaan sàng
terme (m) (~ du contrat)	เงื่อนไข	ngêuan khăi
en gros (adv)	ขายส่ง	khăai sòng
en gros (adj)	ขายส่ง	khăai sòng
vente (f) en gros	การขายส่ง	gaan khăai sòng
au détail (adj)	ขายปลีก	khăai bplèek
vente (f) au détail	การขายปลีก	gaan khăai bplèek
concurrent (m)	คู่แข่ง	khôo khàeng
concurrence (f)	การแข่งขัน	gaan khàeng khăn
concurrencer (vt)	แข่งขัน	khàeng khăn
associé (m)	พันธมิตร	phan-thá-mít
partenariat (m)	หางหุนสวน	hâang hûn sùan
crise (f)	วิกฤติ	wí-grìt
faillite (f)	การล้มละลาย	gaan lóm lá-laai
faire faillite	ล้มละลาย	lóm lá-laai
difficulté (f)	ความยากลำบาก	khwaam yâak lam-bàak
problème (m)	ปัญหา	bpan-hăa
catastrophe (f)	ความหายนะ	khwaam hăa-yá-ná
économie (f)	เศรษฐกิจ	sàyt-thà-gìt
économique (adj)	ทางเศรษฐกิจ	thaang sàyt-thà-gìt
baisse (f) économique	เศรษฐกิจถดถอย	sàyt-thà-gìt thòt thŏi
but (m)	เป้าหมาย	bpâo măai
objectif (m)	งาน	ngaan
faire du commerce	แลกเปลี่ยน	lâek bplìan

réseau (m) (de distribution)	เครือข่าย	khreua khàai
inventaire (m) (stocks)	คลังสินค้า	khlang sĭn kháa
assortiment (m)	ประเภทสินค้าต่างๆ	bprà-phâyt sĭn kháa dtàang dtàang
leader (m)	ผู้นำ	phôo nam
grande (~ entreprise)	ขนาดใหญ่	khà-nàat yài
monopole (m)	การผูกขาด	gaan phòok khàat
théorie (f)	ทฤษฎี	thrít-sà-dee
pratique (f)	การดำเนินการ	gaan dam-nern gaan
expérience (f)	ประสบการณ์	bprà-sòp gaan
tendance (f)	แนวโน้ม	naew nóhm
développement (m)	การพัฒนา	gaan phát-thá-naa

71. Les processus d'affaires. Partie 2

rentabilité (m)	กำไร	gam-rai
rentable (adj)	กำไร	gam-rai
délégation (f)	คณะผู้แทน	khá-ná phôo thaen
salaire (m)	เงินเดือน	ngern deuan
corriger (une erreur)	แก้ไข	gâe khăi
voyage (m) d'affaires	การเดินทางไปทำธุรกิจ	gaan dern taang bpai tham thú-rá gìt
commission (f)	คณะ	khá-ná
contrôler (vt)	ควบคุม	khûap khum
conférence (f)	งานประชุม	ngaan bprà-chum
licence (f)	ใบอนุญาต	bai a-nú-yâat
fiable (partenaire ~)	พึ่งพาได้	phêung phaa dâai
initiative (f)	การเริ่ม	gaan rí-rêrm
norme (f)	มาตรฐาน	mâat-dtrà-thăan
circonstance (f)	ภาวะ	phaa-wá
fonction (f)	หน้าที่	nâa thêe
entreprise (f)	องค์การ	ong gaan
organisation (f)	การจัด	gaan jàt
organisé (adj)	ที่ถูกจัด	thêe thòok jàt
annulation (f)	การยกเลิก	gaan yók lêrk
annuler (vt)	ยกเลิก	yók lêrk
rapport (m)	รายงาน	raai ngaan
brevet (m)	สิทธิบัตร	sìt-thí bàt
breveter (vt)	จดสิทธิบัตร	jòt sìt-thí bàt
planifier (vt)	วางแผน	waang phăen
prime (f)	โบนัส	boh-nát
professionnel (adj)	ทางวิชาชีพ	thaang wí-chaa chêep
procédure (f)	กระบวนการ	grà-buan gaan
examiner (vt)	ปรึกษาหารือ	bprèuk-săa hăa-reu
calcul (m)	การนับ	gaan náp

réputation (f)	ความมีหน้ามีตา	khwaam mee nâa mee dtaa
risque (m)	ความเสี่ยง	khwaam sìang
diriger (~ une usine)	บริหาร	bor-rí-hăan
renseignements (m pl)	ขอมูล	khôr moon
propriété (f)	ทรัพย์สิน	sáp sĭn
union (f)	สหภาพ	sà-hà phâap
assurance vie (f)	การประกันชีวิต	gaan bprà-gan chee-wít
assurer (vt)	ประกันภัย	bprà-gan phai
assurance (f)	การประกันภัย	gaan bprà-gan phai
enchères (f pl)	กูขายเลหลัง	gaan khăai lay-lăng
notifier (informer)	แจง	jâeng
gestion (f)	การบริหาร	gaan bor-rí-hăan
service (m)	บริการ	bor-rí-gaan
forum (m)	การประชุมฟอรั่ม	gaan bprà-chum for-râm
fonctionner (vi)	ดำเนินการ	dam-nern gaan
étape (f)	ขั้น	khân
juridique (services ~s)	ทางกฎหมาย	thaang gòt măai
juriste (m)	ทนายความ	thá-naai khwaam

72. L'usine. La production

usine (f)	โรงงาน	rohng ngaan
fabrique (f)	โรงงาน	rohng ngaan
atelier (m)	หองทำงาน	hôrng tham ngaan
site (m) de production	ที่ผลิต	thêe phà-lìt
industrie (f)	อุตสาหกรรม	út-saa há-gam
industriel (adj)	ทางอุตสาหกรรม	thaang ùt-săa-hà-gam
industrie (f) lourde	อุตสาหกรรมหนัก	ùt-săa-hà-gam nàk
industrie (f) légère	อุตสาหกรรมเบา	ùt-săa-hà-gam bao
produit (m)	ผลิตภัณฑ์	phà-lìt-dtà-phan
produire (vt)	ผลิต	phà-lìt
matières (f pl) premières	วัตถุดิบ	wát-thù dìp
chef (m) d'équipe	คนคุมงาน	khon khum ngaan
équipe (f) d'ouvriers	ทีมคนงาน	theem khon ngaan
ouvrier (m)	คนงาน	khon ngaan
jour (m) ouvrable	วันทำงาน	wan tham ngaan
pause (f) (repos)	หยุดพัก	yùt phák
réunion (f)	การประชุม	gaan bprà-chum
discuter (vt)	หารือ	hăa-reu
plan (m)	แผน	phăen
accomplir le plan	ทำตามแผน	tham dtaam păen
norme (f) de production	อัตราผลลัพธ์	àt-dtraa phŏn láp
qualité (f)	คุณภาพ	khun-ná-phâap
contrôle (m)	การควบคุม	gaan khûap khum
contrôle (m) qualité	การควบคุมคุณภาพ	gaan khûap khum khun-ná-phâap

sécurité (f) de travail	ความปลอดภัยในที่ทำงาน	khwaam bplòrt phai nai thêe tham ngaan
discipline (f)	วินัย	wí-nai
infraction (f)	การละเมิด	gaan lá-mêrt
violer (les règles)	ละเมิด	lá-mêrt
grève (f)	การประท้วงหยุดงาน	gaan bprà-thúang yùt ngaan
gréviste (m)	ผู้ประท้วงหยุดงาน	phôo bprà-thúang yùt ngaan
faire grève	ประท้วงหยุดงาน	bprà-thúang yùt ngaan
syndicat (m)	สหภาพแรงงาน	sà-hà-phâap raeng ngaan
inventer (machine, etc.)	ประดิษฐ์	bprà-dìt
invention (f)	สิ่งประดิษฐ์	sìng bprà-dìt
recherche (f)	การวิจัย	gaan wí-jai
améliorer (vt)	ทำให้ดีขึ้น	tham hâi dee khêun
technologie (f)	เทคโนโลยี	thék-noh-loh-yee
dessin (m) technique	ภาพร่างทางเทคนิค	phâap-râang thaang thék-nìk
charge (f) (~ de 3 tonnes)	ของบรรทุก	khŏrng ban-thúk
chargeur (m)	คนงานยกของ	khon ngaan yók khŏrng
charger (véhicule, etc.)	บรรทุก	ban-thúk
chargement (m)	การบรรทุก	gaan ban-thúk
décharger (vt)	ขนออก	khŏn òrk
déchargement (m)	การขนออก	gaan khŏn òrk
transport (m)	การขนส่ง	gaan khŏn sòng
compagnie (f) de transport	บริษัทขนส่ง	bor-rí-sàt khŏn sòng
transporter (vt)	ขนส่ง	khŏn sòng
wagon (m) de marchandise	ตู้รถไฟรถ	dtôo rót fai
citerne (f)	ถัง	thăng
camion (m)	รถบรรทุก	rót ban-thúk
machine-outil (f)	เครื่องมือกล	khrêuang meu gon
mécanisme (m)	กลไก	gon-gai
déchets (m pl)	ของเสียจากโรงงาน	khŏrng sĭa jàak rohng ngaan
emballage (m)	การทำหีบห่อ	gaan tham hèep hòr
emballer (vt)	แพ็คหีบห่อ	pháek hèep hòr

73. Le contrat. L'accord

contrat (m)	สัญญา	săn-yaa
accord (m)	ข้อตกลง	khôr dtòk long
annexe (f)	ภาคผนวก	phâak phà-nùak
signer un contrat	ลงนามในสัญญา	long naam nai săn-yaa
signature (f)	ลายมือชื่อ	laai meu chêu
signer (vt)	ลงนาม	long naam
cachet (m)	ตราประทับ	dtraa bprà-tháp
objet (m) du contrat	หัวข้อของสัญญา	hŭa khôr khŏrng săn-yaa
clause (f)	ข้อ	khôr
côtés (m pl)	ฝ่าย	fàai

adresse (f) légale	ที่อยู่ตามกฎหมาย	thêe yòo dtaam gòt mǎai
violer l'accord	การละเมิดสัญญา	gaan lá-mêrt sǎn-yaa
obligation (f)	พันธสัญญา	phan-thá-sǎn-yaa
responsabilité (f)	ความรับผิดชอบ	khwaam ráp phìt chôp
force (f) majeure	เหตุสุดวิสัย	hàyt sùt wí-sǎi
litige (m)	ความขัดแย้ง	khwaam khàt yáeng
pénalités (f pl)	บทลงโทษ	bòt long thôht

74. L'importation. L'exportation

importation (f)	การนำเข้า	gaan nam khâo
importateur (m)	ผู้นำเข้า	phôo nam khâo
importer (vt)	นำเข้า	nam khâo
d'importation	นำเข้า	nam khâo
exportation (f)	การส่งออก	gaan sòng òrk
exportateur (m)	ผู้ส่งออก	phôo sòng òrk
exporter (vt)	ส่งออก	sòng òrk
d'exportation (adj)	ส่งออก	sòng òrk
marchandise (f)	สินค้า	sǐn kháa
lot (m) de marchandises	สินค้าที่ส่งไป	sǐn kháa thêe sòng bpai
poids (m)	น้ำหนัก	nám nàk
volume (m)	ปริมาณ	bpà-rí-maan
mètre (m) cube	ลูกบาศก์เมตร	lôok bàat máyt
producteur (m)	ผู้ผลิต	phôo phà-lìt
compagnie (f) de transport	บริษัทขนส่ง	bor-rí-sàt khǒn sòng
container (m)	ตู้คอนเทนเนอร์	dtôo khorn thay ná-ner
frontière (f)	ชายแดน	chaai daen
douane (f)	ด่านศุลกากร	dàan sǔn-lá-gaa-gon
droit (m) de douane	ภาษีศุลกากร	phaa-sěe sǔn-lá-gaa-gon
douanier (m)	เจ้าหน้าที่ศุลกากร	jâo nâa-thêe sǔn-lá-gaa-gon
contrebande (f) (trafic)	การลักลอบ	gaan lák-lôrp
contrebande (f)	สินค้าที่ผิดกฎหมาย	sǐn kháa thêe phìt gòt mǎai

75. La finance

action (f)	หุ้น	hûn
obligation (f)	ตราสารหนี้	dtraa sǎan nêe
lettre (f) de change	ตั๋วสัญญาใช้เงิน	dtǔa sǎn-yaa chái ngern
bourse (f)	ตลาดหลักทรัพย์	dtà-làat làk sáp
cours (m) d'actions	ราคาหุ้น	raa-khaa hûn
baisser (vi)	ถูกลง	thòok long
augmenter (vi) (prix)	แพงขึ้น	phaeng khêun
part (f)	ปันผล	bpan phǒn
participation (f) de contrôle	ส่วนได้เสียที่มีอำนาจควบคุม	sùan dâai sǐa têe mee am-nâat khûap khum

investissements (m pl)	การลงทุน	gaan long thun
investir (vt)	ลงทุน	long thun
pour-cent (m)	เปอร์เซ็นต์	bper-sen
intérêts (m pl)	ดอกเบี้ย	dòrk bîa
profit (m)	กำไร	gam-rai
profitable (adj)	ได้กำไร	dâai gam-rai
impôt (m)	ภาษี	phaa-sĕe
devise (f)	สกุลเงิน	sà-gun ngern
national (adj)	แห่งชาติ	hàeng châat
échange (m)	การแลกเปลี่ยน	gaan lâek bplìan
comptable (m)	นักบัญชี	nák ban-chee
comptabilité (f)	การทำบัญชี	gaan tham ban-chee
faillite (f)	การล้มละลาย	gaan lóm lá-laai
krach (m)	การพังพินาศ	gaan phang phí-nâat
ruine (f)	ความพินาศ	khwaam phí-nâat
se ruiner (vp)	ล้มละลาย	lóm lá-laai
inflation (f)	เงินเฟ้อ	ngern fér
dévaluation (f)	การลดค่าเงิน	gaan lót khâa ngern
capital (m)	เงินทุน	ngern thun
revenu (m)	รายได้	raai dâai
chiffre (m) d'affaires	การหมุนเวียน	gaan mŭn wian
ressources (f pl)	ทรัพยากร	sáp-pá-yaa-gon
moyens (m pl) financiers	แหล่งเงินทุน	làeng ngern thun
frais (m pl) généraux	ค่าใช้จ่าย	khâa chái jàai
réduire (vt)	ลด	lót

76. La commercialisation. Le marketing

marketing (m)	การตลาด	gaan dtà-làat
marché (m)	ตลาด	dtà-làat
segment (m) du marché	ส่วนตลาด	sùan dtà-làat
produit (m)	ผลิตภัณฑ์	phà-lìt-dtà-phan
marchandise (f)	สินค้า	sĭn kháa
marque (f) de fabrique	ยี่ห้อ	yêe hôr
marque (f) déposée	เครื่องหมายการค้า	khrêuang măai gaan kháa
logotype (m)	โลโก้	loh-gôh
logo (m)	โลโก้	loh-gôh
demande (f)	อุปสงค์	u-bpà-sŏng
offre (f)	อุปทาน	u-bpà-thaan
besoin (m)	ความต้องการ	khwaam dtôrng gaan
consommateur (m)	ผู้บริโภค	phôo bor-rí-phôhk
analyse (f)	การวิเคราะห์	gaan wí-khrór
analyser (vt)	วิเคราะห์	wí-khrór
positionnement (m)	การวางตำแหน่งผลิตภัณฑ์	gaan waang dtam-nàeng phà-lìt-dtà-phan

positionner (vt)	วางตำแหน่ง ผลิตภัณฑ์	waang dtam-nàeng phà-lìt-dtà-phan
prix (m)	ราคา	raa-khaa
politique (f) des prix	นโยบาย การตั้งราคา	ná-yoh-baai gaan dtâng raa-khaa
formation (f) des prix	การตั้งราคา	gaan dtâng raa-khaa

77. La publicité

publicité (f), pub (f)	การโฆษณา	gaan khôht-sà-naa
faire de la publicité	โฆษณา	khôht-sà-naa
budget (m)	งบประมาณ	ngóp bprà-maan
annonce (f), pub (f)	การโฆษณา	gaan khôht-sà-naa
publicité (f) à la télévision	การโฆษณา ทางทีวี	gaan khôht-sà-naa thaang thee wee
publicité (f) à la radio	การโฆษณา ทางวิทยุ	gaan khôht-sà-naa thaang wít-thá-yú
publicité (f) extérieure	การโฆษณา แบบกลางแจ้ง	gaan khôht-sà-naa bàep glaang jâeng
mass média (m pl)	สื่อสารมวลชน	sèu sǎan muan chon
périodique (m)	หนังสือรายคาบ	nǎng-sěu raai khâap
image (f)	ภาพลักษณ์	phâap-lák
slogan (m)	คำขวัญ	kham khwǎn
devise (f)	คติพจน์	khá-dtì phót
campagne (f)	การรณรงค์	gaan ron-ná-rorng
campagne (f) publicitaire	การรณรงค์ โฆษณา	gaan ron-ná-rorng khôht-sà-naa
public (m) cible	กลุ่มเป้าหมาย	glùm bpâo-mǎai
carte (f) de visite	นามบัตร	naam bàt
prospectus (m)	ใบปลิว	bai bpliw
brochure (f)	โบรชัวร์	broh-chua
dépliant (m)	แผ่นพับ	phàen pháp
bulletin (m)	จดหมายข่าว	jòt mǎai khàao
enseigne (f)	ป้ายร้าน	bpâai ráan
poster (m)	โปสเตอร์	bpòht-dtêr
panneau-réclame (m)	กระดานปิดประกาศ โฆษณา	grà-daan bpìt bprà-gàat khôht-sà-naa

78. Les opérations bancaires

banque (f)	ธนาคาร	thá-naa-khaan
agence (f) bancaire	สาขา	sǎa-khǎa
conseiller (m)	พนักงาน ธนาคาร	phá-nák ngaan thá-naa-khaan
gérant (m)	ผู้จัดการ	phôo jàt gaan

compte (m)	บัญชีธนาคาร	ban-chee thá-naa-kaan
numéro (m) du compte	หมายเลขบัญชี	măai lâyk ban-chee
compte (m) courant	กระแสรายวัน	grà-săe raai wan
compte (m) sur livret	บัญชีออมทรัพย์	ban-chee orm sáp
ouvrir un compte	เปิดบัญชี	bpèrt ban-chee
clôturer le compte	ปิดบัญชี	bpìt ban-chee
verser dans le compte	ฝากเงินเข้าบัญชี	fàak ngern khâo ban-chee
retirer du compte	ถอน	thŏrn
dépôt (m)	การฝาก	gaan fàak
faire un dépôt	ฝาก	fàak
virement (m) bancaire	การโอนเงิน	gaan ohn ngern
faire un transfert	โอนเงิน	ohn ngern
somme (f)	จำนวนเงินรวม	jam-nuan ngern ruam
Combien?	เท่าไหร่?	thâo rài
signature (f)	ลายมือชื่อ	laai meu chêu
signer (vt)	ลงนาม	long naam
carte (f) de crédit	บัตรเครดิต	bàt khray-dìt
code (m)	รหัส	rá-hàt
numéro (m) de carte de crédit	หมายเลขบัตรเครดิต	măai lâyk bàt khray-dìt
distributeur (m)	เอทีเอ็ม	ay-thee-em
chèque (m)	เช็ค	chék
faire un chèque	เขียนเช็ค	khĭan chék
chéquier (m)	สมุดเช็ค	sà-mùt chék
crédit (m)	เงินกู้	ngern gôo
demander un crédit	ขอสินเชื่อ	khŏr sĭn chêua
prendre un crédit	กู้เงิน	gôo ngern
accorder un crédit	ให้กู้เงิน	hâi gôo ngern
gage (m)	การรับประกัน	gaan ráp bprà-gan

79. Le téléphone. La conversation téléphonique

téléphone (m)	โทรศัพท์	thoh-rá-sàp
portable (m)	มือถือ	meu thĕu
répondeur (m)	เครื่องพูดตอบ	khrêuang phôot dtòp
téléphoner, appeler	โทรศัพท์	thoh-rá-sàp
appel (m)	การโทรศัพท์	gaan thoh-rá-sàp
composer le numéro	หมุนหมายเลขโทรศัพท์	mŭn măai lâyk thoh-rá-sàp
Allô!	สวัสดี!	sà-wàt-dee
demander (~ l'heure)	ถาม	thăam
répondre (vi, vt)	รับสาย	ráp săai
entendre (bruit, etc.)	ได้ยิน	dâai yin
bien (adv)	ดี	dee
mal (adv)	ไม่ดี	mâi dee
bruits (m pl)	เสียงรบกวน	sĭang róp guan

récepteur (m)	ตัวรับสัญญาณ	dtua ráp săn-yaan
décrocher (vt)	รับสาย	ráp săai
raccrocher (vi)	วางสาย	waang săai
occupé (adj)	ไม่ว่าง	mâi wâang
sonner (vi)	ดัง	dang
carnet (m) de téléphone	สมุดโทรศัพท์	sà-mùt thoh-rá-sàp
local (adj)	ในประเทศ	nai bprà-thâyt
appel (m) local	โทรในประเทศ	thoh nai bprà-thâyt
interurbain (adj)	ระยะไกล	rá-yá glai
appel (m) interurbain	โทรระยะไกล	thoh-rá-yá glai
international (adj)	ต่างประเทศ	dtàang bprà-thâyt
appel (m) international	โทรต่างประเทศ	thoh dtàang bprà-thâyt

80. Le téléphone portable

portable (m)	มือถือ	meu thĕu
écran (m)	หน้าจอ	nâa jor
bouton (m)	ปุ่ม	bpùm
carte SIM (f)	ซิมการ์ด	sím gàat
pile (f)	แบตเตอรี่	bàet-dter-rêe
être déchargé	หมด	mòt
chargeur (m)	ที่ชาร์จ	thêe châat
menu (m)	เมนู	may-noo
réglages (m pl)	การตั้งค่า	gaan dtâng khâa
mélodie (f)	เสียงเพลง	sĭang phlayng
sélectionner (vt)	เลือก	lêuak
calculatrice (f)	เครื่องคิดเลข	khrêuang khít lâyk
répondeur (m)	ข้อความเสียง	khôr khwaam sĭang
réveil (m)	นาฬิกาปลุก	naa-lí-gaa bplùk
contacts (m pl)	รายชื่อผู้ติดต่อ	raai chêu phôo dtìt dtòr
SMS (m)	SMS	es-e-mes
abonné (m)	ผู้สมัครรับบริการ	phôo sà-màk ráp bor-rí-gaan

81. La papeterie

stylo (m) à bille	ปากกาลูกลื่น	bpàak gaa lôok lêun
stylo (m) à plume	ปากกาหมึกซึม	bpàak gaa mèuk seum
crayon (m)	ดินสอ	din-sŏr
marqueur (m)	ปากกาเน้น	bpàak gaa náyn
feutre (m)	ปากกาเมจิด	bpàak gaa may jìk
bloc-notes (m)	สมุดจด	sà-mùt jòt
agenda (m)	สมุดบันทึกรายวัน	sà-mùt ban-théuk raai wan
règle (f)	ไม้บรรทัด	máai ban-thát
calculatrice (f)	เครื่องคิดเลข	khrêuang khít lâyk

gomme (f)	ยางลบ	yaang lóp
punaise (f)	เป๊ก	bpáyk
trombone (m)	ลวดหนีบกระดาษ	lûat nèep grà-dàat
colle (f)	กาว	gaao
agrafeuse (f)	ที่เย็บกระดาษ	thêe yép grà-dàat
perforateur (m)	ที่เจาะรูกระดาษ	thêe jòr roo grà-dàat
taille-crayon (m)	ที่เหลาดินสอ	thêe lǎo din-sǒr

82. Les types d'activités économiques

services (m pl) comptables	บริการทำบัญชี	bor-rí-gaan tham ban-chee
publicité (f), pub (f)	การโฆษณา	gaan khôht-sà-naa
agence (f) publicitaire	บริษัทโฆษณา	bor-rí-sàt khôht-sà-naa
climatisation (m)	เครื่องปรับอากาศ	khrêuang bpràp-aa-gàat
compagnie (f) aérienne	สายการบิน	sǎai gaan bin
boissons (f pl) alcoolisées	เครื่องดื่มแอลกอฮอล์	khrêuang dèum aen-gor-hor
antiquités (f pl)	ของเก่า	khǒrng gào
galerie (f) d'art	หอศิลป์	hǒr sǐn
services (m pl) d'audition	บริการตรวจสอบบัญชี	bor-rí-gaan dtrùat sòrp ban-chee
banques (f pl)	การธนาคาร	gaan thá-naa-khaan
bar (m)	บาร์	baa
salon (m) de beauté	ช่างเสริมสวย	châang sěrm sǔay
librairie (f)	ร้านขายหนังสือ	ráan khǎai nǎng-sěu
brasserie (f) (fabrique)	โรงงานต้มเหล้า	rohng ngaan dtôm lâu
centre (m) d'affaires	ศูนย์ธุรกิจ	sǒon thú-rá gìt
école (f) de commerce	โรงเรียนธุรกิจ	rohng rian thú-rá gìt
casino (m)	คาสิโน	khaa-sì-noh
bâtiment (m)	การก่อสร้าง	gaan gòr sâang
conseil (m)	การปรึกษา	gaan bprèuk-sǎa
dentistes (pl)	คลินิกทันตกรรม	khlí-nìk than-ta-gam
design (m)	การออกแบบ	gaan òrk bàep
pharmacie (f)	ร้านขายยา	ráan khǎai yaa
pressing (m)	ร้านซักแห้ง	ráan sák hâeng
agence (f) de recrutement	สำนักงานจัดหางาน	sǎm-nák ngaan jàt hǎa ngaan
service (m) financier	บริการด้านการเงิน	bor-rí-gaan dâan gaan ngern
produits (m pl) alimentaires	ผลิตภัณฑ์อาหาร	phà-lìt-dtà-phan aa hǎan
maison (f) funéraire	บริษัทรับจัดงานศพ	bor-rí-sàt ráp jàt ngaan sòp
meubles (m pl)	เครื่องเรือน	khrêuang reuan
vêtement (m)	เสื้อผ้า	sêua phâa
hôtel (m)	โรงแรม	rohng raem
glace (f)	ไอศกรีม	ai-sà-greem
industrie (f)	อุตสาหกรรม	út-saa há-gam
assurance (f)	การประกัน	gaan bprà-gan
Internet (m)	อินเทอร์เน็ต	in-thêr-nét
investissements (m pl)	การลงทุน	gaan long thun

bijoutier (m)	ช่างทำเครื่องเพชรพลอย	châang tham khrêuang phét phloi
bijouterie (f)	เครื่องเพชรพลอย	khrêuang phét phloi
blanchisserie (f)	โรงซักรีดผ้า	rohng sák rêet phâa
service (m) juridique	คนที่ปรึกษาทางกฎหมาย	khon thêe bprèuk-săa thaang gòt măai
industrie (f) légère	อุตสาหกรรมเบา	ùt-săa-hà-gam bao
revue (f)	นิตยสาร	nít-dtà-yá-săan
vente (f) par catalogue	การขายสินค้าทางไปรษณีย์	gaan khăai sĭn kháa thaang bprai-sà-nee
médecine (f)	การแพทย์	gaan phâet
cinéma (m)	โรงภาพยนตร์	rohng phâap-phá-yon
musée (m)	พิพิธภัณฑ์	phí-phítha phan
agence (f) d'information	สำนักข่าว	săm-nák khàao
journal (m)	หนังสือพิมพ์	năng-sĕu phim
boîte (f) de nuit	ไนท์คลับ	nai-khláp
pétrole (m)	น้ำมัน	nám man
coursiers (m pl)	บริการจัดส่ง	bor-rí-gaan jàt sòng
industrie (f) pharmaceutique	เภสัชกรรม	phay-sàt-cha-gam
imprimerie (f)	สิ่งพิมพ์	sìng phim
maison (f) d'édition	สำนักพิมพ์	săm-nák phim
radio (f)	วิทยุ	wít-thá-yú
immobilier (m)	อสังหาริมทรัพย์	a-săng-hăa-rim-má-sáp
restaurant (m)	ร้านอาหาร	ráan aa-hăan
agence (f) de sécurité	บริษัทรักษาความปลอดภัย	bor-rí-sàt rák-săa khwaam bplòrt phai
sport (m)	กีฬา	gee-laa
bourse (f)	ตลาดหลักทรัพย์	dtà-làat làk sáp
magasin (m)	ร้านค้า	ráan kháa
supermarché (m)	ซูเปอร์มาร์เก็ต	soo-bper-maa-gèt
piscine (f)	สระว่ายน้ำ	sà wâai náam
atelier (m) de couture	ร้านตัดเสื้อ	ráan dtàt sêua
télévision (f)	โทรทัศน์	thoh-rá-thát
théâtre (m)	โรงละคร	rohng lá-khon
commerce (m)	การค้าขาย	gaan kháa kăai
sociétés de transport	การขนส่ง	gaan khŏn sòng
tourisme (m)	การท่องเที่ยว	gaan thôrng thîeow
vétérinaire (m)	สัตวแพทย์	sàt phâet
entrepôt (m)	โกดังเก็บสินค้า	goh-dang gèp sĭn kháa
récupération (f) des déchets	การเก็บขยะ	gaan gèp khà-yà

Le travail. Les affaires. Partie 2

83. Les foires et les salons

salon (m)	งานแสดง	ngaan sà-daeng
salon (m) commercial	งานแสดงสินค้า	ngaan sà-daeng sĭn kháa
participation (f)	การเข้าร่วม	gaan khâo rûam
participer à ...	เข้าร่วมใน	khâo rûam nai
participant (m)	ผู้เข้ารวม	phôo khâo rûam
directeur (m)	ผู้อำนวยการ	phôo am-nuay gaan
direction (f)	สำนักงานผู้จัด	săm-nák ngaan phôo jàt
organisateur (m)	ผู้จัด	phôo jàt
organiser (vt)	จัด	jàt
demande (f) de participation	แบบฟอร์มลงทะเบียน	bàep form long thá-bian
remplir (vt)	กรอก	gròrk
détails (m pl)	รายละเอียด	raai lá-ìat
information (f)	ข้อมูล	khôr moon
prix (m)	ราคา	raa-khaa
y compris	รวมถึง	ruam thĕung
inclure (~ les taxes)	รวม	ruam
payer (régler)	จ่าย	jàai
droits (m pl) d'inscription	ค่าลงทะเบียน	khâa long thá-bian
entrée (f)	ทางเข้า	thaang khâo
pavillon (m)	ศาลา	săa-laa
enregistrer (vt)	ลงทะเบียน	long thá-bian
badge (m)	ป้ายชื่อ	bpâai chêu
stand (m)	บูธแสดงสินค้า	bòot sà-daeng sĭn kháa
réserver (vt)	จอง	jorng
vitrine (f)	ตู้โชว์สินค้า	dtôo choh sĭn kháa
lampe (f)	ไฟรวมแสงบนเวที	fai ruam săeng bon way-thee
design (m)	การออกแบบ	gaan òrk bàep
mettre (placer)	วาง	waang
être placé	ถูกตั้ง	thòok dtâng
distributeur (m)	ผู้จัดจำหน่าย	phôo jàt jam-nàai
fournisseur (m)	ผู้จัดหา	phôo jàt hăa
fournir (vt)	จัดหา	jàt hăa
pays (m)	ประเทศ	bprà-thâyt
étranger (adj)	ต่างชาติ	dtàang châat
produit (m)	ผลิตภัณฑ์	phà-lìt-dtà-phan
association (f)	สมาคม	sà-maa khom
salle (f) de conférences	ห้องประชุม	hôrng bprà-chum

congrès (m)	การประชุม	gaan bprà-chum
concours (m)	การแข่งขัน	gaan khàeng khăn
visiteur (m)	ผู้เข้าร่วม	phôo khâo rûam
visiter (vt)	เข้าร่วม	khâo rûam
client (m)	ลูกค้า	lôok kháa

84. La recherche scientifique et les chercheurs

science (f)	วิทยาศาสตร์	wít-thá-yaa sàat
scientifique (adj)	ทางวิทยาศาสตร์	thaang wít-thá-yaa sàat
savant (m)	นักวิทยาศาสตร์	nák wít-thá-yaa sàat
théorie (f)	ทฤษฎี	thrít-sà-dee
axiome (m)	สัจพจน์	sàt-jà-phót
analyse (f)	การวิเคราะห์	gaan wí-khrór
analyser (vt)	วิเคราะห์	wí-khrór
argument (m)	ข้อโต้แย้ง	khôr dtôh yáeng
substance (f) (matière)	สาร	săan
hypothèse (f)	สมมติฐาน	sŏm-mút thăan
dilemme (m)	โจทย์	jòht
thèse (f)	ปริญญานิพนธ์	bpà-rin-yaa ní-phon
dogme (m)	หลัก	làk
doctrine (f)	หลักคำสอน	làk kham sŏrn
recherche (f)	การวิจัย	gaan wí-jai
rechercher (vt)	วิจัย	wí-jai
test (m)	การควบคุม	gaan khûap khum
laboratoire (m)	ห้องทดลอง	hôrng thót lorng
méthode (f)	วิธี	wí-thee
molécule (f)	โมเลกุล	moh-lay-gun
monitoring (m)	การเฝ้าสังเกต	gaan fâo săng-gàyt
découverte (f)	การค้นพบ	gaan khón phóp
postulat (m)	สัจพจน์	sàt-jà-phót
principe (m)	หลักการ	làk gaan
prévision (f)	การคาดการณ์	gaan khâat gaan
prévoir (vt)	คาดการณ์	khâat gaan
synthèse (f)	การสังเคราะห์	gaan săng-khrór
tendance (f)	แนวโน้ม	naew nóhm
théorème (m)	ทฤษฎีบท	thrít-sà-dee bòt
enseignements (m pl)	คำสอน	kham sŏrn
fait (m)	ข้อเท็จจริง	khôr thét jing
expédition (f)	การสำรวจ	gaan săm-rùat
expérience (f)	การทดลอง	gaan thót lorng
académicien (m)	นักวิชาการ	nák wí-chaa gaan
bachelier (m)	บัณฑิต	ban-dìt
docteur (m)	ดุษฎีบัณฑิต	dùt-sà-dee ban-dìt
chargé (m) de cours	รองศาสตราจารย์	rorng sàat-sà-dtraa-jaan

| magistère (m) | มหาบัณฑิต | má-hăa ban-dìt |
| professeur (m) | ศาสตราจารย์ | sàat-sà-dtraa-jaan |

Les professions. Les métiers

85. La recherche d'emploi. Le licenciement

travail (m)	งาน	ngaan
employés (pl)	พนักงาน	phá-nák ngaan
personnel (m)	พนักงาน	phá-nák ngaan
carrière (f)	อาชีพ	aa-chêep
perspective (f)	โอกาส	oh-gàat
maîtrise (f)	ทักษะ	thák-sà
sélection (f)	การคัดเลือก	gaan khát lêuak
agence (f) de recrutement	สำนักงานจัดหางาน	săm-nák ngaan jàt hăa ngaan
C.V. (m)	ประวัติย่อ	bprà-wàt yôr
entretien (m)	สัมภาษณ์งาน	săm-phâat ngaan
emploi (m) vacant	ตำแหน่งว่าง	dtam-nàeng wâang
salaire (m)	เงินเดือน	ngern deuan
salaire (m) fixe	เงินเดือน	ngern deuan
rémunération (f)	ค่าแรง	khâa raeng
poste (m) (~ évolutif)	ตำแหน่ง	dtam-nàeng
fonction (f)	หน้าที่	nâa thêe
liste (f) des fonctions	หน้าที่	nâa thêe
occupé (adj)	ไม่ว่าง	mâi wâang
licencier (vt)	ไล่ออก	lâi òrk
licenciement (m)	การไล่ออก	gaan lâi òrk
chômage (m)	การว่างงาน	gaan wâang ngaan
chômeur (m)	คนว่างงาน	khon wâang ngaan
retraite (f)	การเกษียณอายุ	gaan gà-sĭan aa-yú
prendre sa retraite	เกษียณ	gà-sĭan

86. Les hommes d'affaires

directeur (m)	ผู้อำนวยการ	phôo am-nuay gaan
gérant (m)	ผู้จัดการ	phôo jàt gaan
patron (m)	หัวหน้า	hŭa-nâa
supérieur (m)	ผู้บังคับบัญชา	phôo bang-kháp ban-chaa
supérieurs (m pl)	คณะผู้บังคับบัญชา	khá-ná phôo bang-kháp ban-chaa
président (m)	ประธานาธิบดี	bprà-thaa-naa-thí-bor-dee
président (m) (d'entreprise)	ประธาน	bprà-thaan
adjoint (m)	รอง	rorng

assistant (m)	ผู้ช่วย	phôo chûay
secrétaire (m, f)	เลขา	lay-khăa
secrétaire (m, f) personnel	ผู้ช่วยส่วนบุคคล	phôo chûay sùan bùk-khon
homme (m) d'affaires	นักธุรกิจ	nák thú-rá-gìt
entrepreneur (m)	ผู้ประกอบการ	phôo bprà-gòp gaan
fondateur (m)	ผู้ก่อตั้ง	phôo gòr dtâng
fonder (vt)	ก่อตั้ง	gòr dtâng
fondateur (m)	ผู้ก่อตั้ง	phôo gòr dtâng
partenaire (m)	หุ้นส่วน	hûn sùan
actionnaire (m)	ผู้ถือหุ้น	phôo thĕu hûn
millionnaire (m)	เศรษฐีเงินล้าน	sàyt-thĕe ngern láan
milliardaire (m)	มหาเศรษฐี	má-hăa sàyt-thĕe
propriétaire (m)	เจ้าของ	jâo khŏrng
propriétaire (m) foncier	เจ้าของที่ดิน	jâo khŏrng thêe din
client (m)	ลูกค้า	lôok kháa
client (m) régulier	ลูกค้าประจำ	lôok kháa bprà-jam
acheteur (m)	ลูกค้า	lôok kháa
visiteur (m)	ผู้เข้าร่วม	phôo khâo rûam
professionnel (m)	ผู้เป็นมืออาชีพ	phôo bpen meu aa-chêep
expert (m)	ผู้เชี่ยวชาญ	phôo chîeow-chaan
spécialiste (m)	ผู้ชำนาญเฉพาะทาง	phôo cham-naan chà-phó thaang
banquier (m)	พนักงานธนาคาร	phá-nák ngaan thá-naa-khaan
courtier (m)	นายหน้า	naai nâa
caissier (m)	แคชเชียร์	khâet chia
comptable (m)	นักบัญชี	nák ban-chee
agent (m) de sécurité	ยาม	yaam
investisseur (m)	ผู้ลงทุน	phôo long thun
débiteur (m)	ลูกหนี้	lôok nêe
créancier (m)	เจ้าหนี้	jâo nêe
emprunteur (m)	ผู้ยืม	phôo yeum
importateur (m)	ผู้นำเข้า	phôo nam khâo
exportateur (m)	ผู้ส่งออก	phôo sòng òrk
producteur (m)	ผู้ผลิต	phôo phà-lìt
distributeur (m)	ผู้จัดจำหน่าย	phôo jàt jam-nàai
intermédiaire (m)	คนกลาง	khon glaang
conseiller (m)	ที่ปรึกษา	thêe bprèuk-săa
représentant (m)	พนักงานขาย	phá-nák ngaan khăai
agent (m)	ตัวแทน	dtua thaen
agent (m) d'assurances	ตัวแทนประกัน	dtua thaen bprà-gan

87. Les métiers des services

cuisinier (m)	ดูนครัว	khon khrua
cuisinier (m) en chef	กุก	gúk
boulanger (m)	ช่างอบขนมปัง	châang òp khà-nŏm bpang
barman (m)	บาร์เทนเดอร์	baa-thayn-dêr
serveur (m)	พนักงานเสิร์ฟชาย	phá-nák ngaan sèrf chaai
serveuse (f)	พนักงานเสิร์ฟหญิง	phá-nák ngaan sèrf yĭng
avocat (m)	ทนายความ	thá-naai khwaam
juriste (m)	นักกฎหมาย	nák gòt măai
notaire (m)	พนักงานจดทะเบียน	phá-nák ngaan jòt thá-bian
électricien (m)	ช่างไฟฟ้า	châang fai-fáa
plombier (m)	ช่างประปา	châang bprà-bpaa
charpentier (m)	ช่างไม้	châang máai
masseur (m)	หมอนวดชาย	mŏr nûat chaai
masseuse (f)	หมอนวดหญิง	mŏr nûat yĭng
médecin (m)	แพทย์	phâet
chauffeur (m) de taxi	คนขับแท็กซี่	khon kháp tháek-sêe
chauffeur (m)	คนขับ	khon kháp
livreur (m)	คนส่งของ	khon sòng khŏrng
femme (f) de chambre	แม่บ้าน	mâe bâan
agent (m) de sécurité	ยาม	yaam
hôtesse (f) de l'air	พนักงูานต้อนรับบนเครื่องบิน	phá-nák ngaan dtôrn ráp bon khrêuang bin
professeur (m)	อาจารย์	aa-jaan
bibliothécaire (m)	บรรณารักษ์	ban-naa-rák
traducteur (m)	นักแปล	nák bplae
interprète (m)	ล่าม	lâam
guide (m)	มัคคุเทศก์	mák-khú-thâyt
coiffeur (m)	ช่างทำผม	châang tham phŏm
facteur (m)	บุรุษไปรษณีย์	bù-rùt bprai-sà-nee
vendeur (m)	คนขายของ	khon khăai khŏrng
jardinier (m)	ชาวสวน	chaao sŭan
serviteur (m)	คนใช้	khon chái
servante (f)	สาวใช้	săao chái
femme (f) de ménage	คนทำความสะอาด	khon tham khwaam sà-àat

88. Les professions militaires et leurs grades

soldat (m) (grade)	พลทหาร	phon-thá-hăan
sergent (m)	สิบเอก	sìp àyk
lieutenant (m)	ร้อยโท	rói thoh
capitaine (m)	ร้อยเอก	rói àyk
commandant (m)	พลตรี	phon-dtree

colonel (m)	พันเอก	phan àyk
général (m)	นายพล	naai phon
maréchal (m)	จอมพล	jorm phon
amiral (m)	พลเรือเอก	phon reua àyk
militaire (m)	ทางทหาร	thaang thá-hăan
soldat (m)	ทหาร	thá-hăan
officier (m)	นายทหาร	naai thá-hăan
commandant (m)	ผู้บัญชาการ	phôo ban-chaa gaan
garde-frontière (m)	ยามเฝ้าชายแดน	yaam fâo chaai daen
opérateur (m) radio	พลวิทยุ	phon wít-thá-yú
éclaireur (m)	ทหารพราน	thá-hăan phraan
démineur (m)	ทหารช่าง	thá-hăan châang
tireur (m)	พลแม่นปืน	phon mâen bpeun
navigateur (m)	ตนหน	dtôn hŏn

89. Les fonctionnaires. Les prêtres

roi (m)	กษัตริย์	gà-sàt
reine (f)	ราชินี	raa-chí-nee
prince (m)	เจ้าชาย	jâo chaai
princesse (f)	เจ้าหญิง	jâo yĭng
tsar (m)	ซาร์	saa
tsarine (f)	ซารีนา	saa-ree-naa
président (m)	ประธานาธิบดี	bprà-thaa-naa-thí-bor-dee
ministre (m)	รัฐมนตรี	rát-thà-mon-dtree
premier ministre (m)	นายกรัฐมนตรี	naa-yók rát-thà-mon-dtree
sénateur (m)	สมาชิกวุฒิสภา	sà-maa-chík wút-thí sà-phaa
diplomate (m)	นักการทูต	nák gaan thôot
consul (m)	กงสุล	gong-sŭn
ambassadeur (m)	เอกอัครราชทูต	àyk-gà-àk-krá-râat-chá-tôot
conseiller (m)	เจ้าหน้าที่การทูต	jâo nâa-thêe gaan thôot
fonctionnaire (m)	ข้าราชการ	khâa râat-chá-gaan
préfet (m)	เจ้าหน้าที่	jâo nâa-thêe
maire (m)	นายกเทศมนตรี	naa-yók thâyt-sà-mon-dtree
juge (m)	ผู้พิพากษา	phôo phí-phâak-săa
procureur (m)	อัยการ	ai-yá-gaan
missionnaire (m)	ผู้สอนศาสนา	phôo sŏrn sàat-sà-năa
moine (m)	พระ	phrá
abbé (m)	เจ้าอาวาส	jâo aa-wâat
rabbin (m)	พระในศาสนายิว	phrá nai sàat-sà-năa yiw
vizir (m)	วีซีร์	wee see
shah (m)	กษัตริย์อิหร่าน	gà-sàt i-ràan
cheik (m)	หัวหน้าเผ่าอาหรับ	hŭa nâa phào aa-ràp

90. Les professions agricoles

apiculteur (m)	คนเลี้ยงผึ้ง	khon líang phêung
berger (m)	คนเลี้ยงปศุสัตว์	khon líang bpà-sù-sàt
agronome (m)	นักปฐพีวิทยา	nák bpà-tà-phee wít-thá-yaa
éleveur (m)	ผู้ขยายพันธุ์สัตว์	phôo khà-yăai phan sàt
vétérinaire (m)	สัตวแพทย์	sàt phâet
fermier (m)	ชาวนา	chaao naa
vinificateur (m)	ผู้ผลิตไวน์	phôo phà-lìt wai
zoologiste (m)	นักสัตววิทยา	nák sàt wít-thá-yaa
cow-boy (m)	โคบาล	khoh-baan

91. Les professions artistiques

acteur (m)	นักแสดงชาย	nák sà-daeng chaai
actrice (f)	นักแสดงหญิง	nák sà-daeng yĭng
chanteur (m)	นักร้องชาย	nák rórng chaai
cantatrice (f)	นักรองหญิง	nák rórng yĭng
danseur (m)	นักเต้นชาย	nák dtên chaai
danseuse (f)	นักเตนหญิง	nák dtên yĭng
artiste (m)	นักแสดงชาย	nák sà-daeng chaai
artiste (f)	นักแสดงหญิง	nák sà-daeng yĭng
musicien (m)	นักดนตรี	nák don-dtree
pianiste (m)	นักเปียโน	nák bpia noh
guitariste (m)	ผู้เล่นกีตาร์	phôo lên gee-dtâa
chef (m) d'orchestre	ผู้ควบคุมวงดนตรี	phôo khûap khum wong don-dtree
compositeur (m)	นักแต่งเพลง	nák dtàeng phlayng
imprésario (m)	ผู้ควบคุมการแสดง	phôo khûap khum gaan sà-daeng
metteur (m) en scène	ผู้กำกับภาพยนตร์	phôo gam-gàp phâap-phá-yon
producteur (m)	ผู้อำนวยการสร้าง	phôo am-nuay gaan sâang
scénariste (m)	คนเขียนบทภาพยนตร์	khon khĭan bòt phâap-phá-yon
critique (m)	นักวิจารณ์	nák wí-jaan
écrivain (m)	นักเขียน	nák khĭan
poète (m)	นักกวี	nák gà-wee
sculpteur (m)	ช่างสลัก	châang sà-làk
peintre (m)	ช่างวาดรูป	châang wâat rôop
jongleur (m)	นักมายากลโยนของ	nák maa-yaa gon yohn khŏrng
clown (m)	ตัวตลก	dtua dtà-lòk
acrobate (m)	นักกายกรรม	nák gaai-yá-gam
magicien (m)	นักเล่นกล	nák lên gon

92. Les différents métiers

médecin (m)	แพทย์	phâet
infirmière (f)	พยาบาล	phá-yaa-baan
psychiatre (m)	จิตแพทย์	jìt-dtà-phâet
stomatologue (m)	ทันตแพทย์	than-dtà phâet
chirurgien (m)	ศัลยแพทย์	săn-yá-phâet
astronaute (m)	นักบินอวกาศ	nák bin a-wá-gàat
astronome (m)	นักดาราศาสตร์	nák daa-raa sàat
pilote (m)	นักบิน	nák bin
chauffeur (m)	คนขับ	khon khàp
conducteur (m) de train	คนขับรถไฟ	khon khàp rót fai
mécanicien (m)	ช่างเครื่อง	châang khrêuang
mineur (m)	คนงานเหมือง	khon ngaan měuang
ouvrier (m)	คนงาน	khon ngaan
serrurier (m)	ช่างโลหะ	châang loh-hà
menuisier (m)	ช่างไม้	châang máai
tourneur (m)	ช่างกลึง	châang gleung
ouvrier (m) du bâtiment	คนงานก่อสร้าง	khon ngaan gòr sâang
soudeur (m)	ช่างเชื่อม	châang chêuam
professeur (m) (titre)	ศาสตราจารย์	sàat-sà-dtraa-jaan
architecte (m)	สถาปนิก	sà-thăa-bpà-ník
historien (m)	นักประวัติศาสตร์	nák bprà-wàt sàat
savant (m)	นักวิทยาศาสตร์	nák wít-thá-yaa sàat
physicien (m)	นักฟิสิกส์	nák fí-sìk
chimiste (m)	นักเคมี	nák khay-mee
archéologue (m)	นักโบราณคดี	nák boh-raan-ná-khá-dee
géologue (m)	นักธรณีวิทยา	nák thor-rá-nee wít-thá-yaa
chercheur (m)	ผู้วิจัย	phôo wí-jai
baby-sitter (m, f)	พี่เลี้ยงเด็ก	phêe líang dèk
pédagogue (m, f)	อาจารย์	aa-jaan
rédacteur (m)	บรรณาธิการ	ban-naa-thí-gaan
rédacteur (m) en chef	หัวหน้าบรรณาธิการ	hŭa nâa ban-naa-thí-gaan
correspondant (m)	ผู้สื่อข่าว	phôo sèu khàao
dactylographe (f)	พนักงานพิมพ์ดีด	phá-nák ngaan phim dèet
designer (m)	นักออกแบบ	nák òrk bàep
informaticien (m)	ผู้เชี่ยวชาญด้านคอมพิวเตอร์	pôo chîeow-chaan dâan khorm-piw-dtêr
programmeur (m)	นักเขียนโปรแกรม	nák khĭan bproh-graem
ingénieur (m)	วิศวกร	wít-sà-wá-gon
marin (m)	กะลาสี	gà-laa-sĕe
matelot (m)	คนเรือ	khon reua
secouriste (m)	นักกู้ภัย	nák gôo phai
pompier (m)	เจ้าหน้าที่ดับเพลิง	jâo nâa-thêe dàp phlerng
policier (m)	เจ้าหน้าที่ตำรวจ	jâo nâa-thêe dtam-rùat

veilleur (m) de nuit	คนยาม	khon yaam
détective (m)	นักสืบ	nák sèup
douanier (m)	เจ้าหน้าที่ศุลกากร	jâo nâa-thêe sŭn-lá-gaa-gon
garde (m) du corps	ผู้คุมกัน	phôo khúm gan
gardien (m) de prison	ผู้คุม	phôo khum
inspecteur (m)	ผู้ตรวจการ	phôo dtrùat gaan
sportif (m)	นักกีฬา	nák gee-laa
entraîneur (m)	โค้ช	khóht
boucher (m)	คนขายเนื้อ	khon khăai néua
cordonnier (m)	คนซ่อมรองเท้า	khon sôrm rorng tháo
commerçant (m)	คนค้า	khon kháa
chargeur (m)	คนงานยกของ	khon ngaan yók khŏrng
couturier (m)	นักออกแบบแฟชั่น	nák òrk bàep fae-chân
modèle (f)	นางแบบ	naang bàep

93. Les occupations. Le statut social

écolier (m)	นักเรียน	nák rian
étudiant (m)	นักศึกษา	nák sèuk-săa
philosophe (m)	นักปราชญ์	nák bpràat
économiste (m)	นักเศรษฐศาสตร์	nák sàyt-thà-sàat
inventeur (m)	นักประดิษฐ์	nák bprà-dìt
chômeur (m)	คนว่างงาน	khon wâang ngaan
retraité (m)	ผู้เกษียณอายุ	phôo gà-sĭan aa-yú
espion (m)	สายลับ	săai láp
prisonnier (m)	นักโทษ	nák thôht
gréviste (m)	คนนัดหยุดงาน	kon nát yùt ngaan
bureaucrate (m)	อำมาตย์	am-màat
voyageur (m)	นักเดินทาง	nák dern-thaang
homosexuel (m)	ผู้รักเพศเดียวกัน	phôo rák phâyt dieow gan
hacker (m)	แฮ็กเกอร์	háek-gêr
hippie (m, f)	ฮิปปี้	híp-bpêe
bandit (m)	โจร	john
tueur (m) à gages	นักฆ่า	nák khâa
drogué (m)	ผู้ติดยาเสพติด	phôo dtìt yaa-sàyp-dtìt
trafiquant (m) de drogue	ผู้ค้ายาเสพติด	phôo kháa yaa-sàyp-dtìt
prostituée (f)	โสเภณี	sŏh-phay-nee
souteneur (m)	แมงดา	maeng-daa
sorcier (m)	พ่อมด	phôr mót
sorcière (f)	แม่มด	mâe mót
pirate (m)	โจรสลัด	john sà-làt
esclave (m)	ทาส	thâat
samouraï (m)	ซามูไร	saa-moo-rai
sauvage (m)	คนป่าเถื่อน	khon bpàa thèuan

L'êducation

94. L'êducation

école (f)	โรงเรียน	rohng rian
directeur (m) d'école	อาจารย์ใหญ่	aa-jaan yài

élève (m)	นักเรียน	nák rian
élève (f)	นักเรียน	nák rian
écolier (m)	เด็กนักเรียนชาย	dèk nák rian chaai
écolière (f)	เด็กนักเรียนหญิง	dèk nák rian yĭng

enseigner (vt)	สอน	sŏrn
apprendre (~ l'arabe)	เรียน	rian
apprendre par cœur	ท่องจำ	thôrng jam

apprendre (à faire qch)	เรียน	rian
être étudiant, -e	ไปโรงเรียน	bpai rohng rian
aller à l'école	ไปโรงเรียน	bpai rohng rian

alphabet (m)	ตัวอักษร	dtua àk-sŏn
matière (f)	วิชา	wí-chaa

salle (f) de classe	ห้องเรียน	hôrng rian
leçon (f)	ชั่วโมงเรียน	chûa mohng rian
récréation (f)	ช่วงพัก	chûang phák
sonnerie (f)	สัญญาณหมดเรียน	săn-yaan mòt rian
pupitre (m)	โต๊ะนักเรียน	dtó nák rian
tableau (m) noir	กระดานดำ	grà-daan dam

note (f)	เกรด	gràyt
bonne note (f)	เกรดดี	gràyt dee
mauvaise note (f)	เกรดแย่	gràyt yâe
donner une note	ให้เกรด	hâi gràyt

faute (f)	ข้อผิดพลาด	khôr phìt phlâat
faire des fautes	ทำผิดพลาด	tham phìt phlâat
corriger (une erreur)	แก้ไข	gâe khăi
antisèche (f)	โพย	phoi

devoir (m)	การบ้าน	gaan bâan
exercice (m)	แบบฝึกหัด	bàep fèuk hàt

être présent	มาเรียน	maa rian
être absent	ขาด	khàat
manquer l'école	ขาดเรียน	khàat rian

punir (vt)	ลงโทษ	long thôht
punition (f)	การลงโทษ	gaan long thôht
conduite (f)	ความประพฤติ	khwaam bprà-préut

carnet (m) de notes	สมุดพก	sà-mùt phók
crayon (m)	ดินสอ	din-sŏr
gomme (f)	ยางลบ	yaang lóp
craie (f)	ชอล์ค	chôrk
plumier (m)	กล่องดินสอ	glòrng din-sŏr
cartable (m)	กระเป๋า	grà-bpăo
stylo (m)	ปากกา	bpàak gaa
cahier (m)	สมุดจด	sà-mùt jòt
manuel (m)	หนังสือเรียน	năng-sĕu rian
compas (m)	วงเวียน	wong wian
dessiner (~ un plan)	ร่างภาพทางเทคนิค	râang phâap thaang thék-nìk
dessin (m) technique	ภาพร่างทางเทคนิค	phâap-râang thaang thék-nìk
poésie (f)	กลอน	glorn
par cœur (adv)	โดยท่องจำ	doi thôrng jam
apprendre par cœur	ท่องจำ	thôrng jam
vacances (f pl)	เวลาปิดเทอม	way-laa bpìt therm
être en vacances	หยุดปิดเทอม	yùt bpìt therm
passer les vacances	ใช้เวลาหยุดปิดเทอม	chái way-laa yùt bpìt therm
interrogation (f) écrite	การทดสอบ	gaan thót sòrp
composition (f)	ความเรียง	khwaam riang
dictée (f)	การเขียนตามคำบอก	gaan khĭan dtaam kam bòrk
examen (m)	การสอบ	gaan sòrp
passer les examens	สอบไล่	sòrp lâi
expérience (f) (~ de chimie)	การทดลอง	gaan thót lorng

95. L'enseignement supérieur

académie (f)	โรงเรียน	rohng rian
université (f)	มหาวิทยาลัย	má-hăa wít-thá-yaa-lai
faculté (f)	คณะ	khá-ná
étudiant (m)	นักศึกษา	nák sèuk-săa
étudiante (f)	นักศึกษา	nák sèuk-săa
enseignant (m)	อาจารย์	aa-jaan
salle (f)	ห้องบรรยาย	hôrng ban-yaai
licencié (m)	บัณฑิต	ban-dìt
diplôme (m)	อนุปริญญา	a-nú bpà-rin-yaa
thèse (f)	ปริญญานิพนธ์	bpà-rin-yaa ní-phon
étude (f)	การวิจัย	gaan wí-jai
laboratoire (m)	ห้องปฏิบัติการ	hôrng bpà-dtì-bàt gaan
cours (m)	การบรรยาย	gaan ban-yaai
camarade (m) de cours	เพื่อนร่วมชั้น	phêuan rûam chán
bourse (f)	ทุน	thun
grade (m) universitaire	วุฒิการศึกษา	wút-thí gaan sèuk-săa

96. Les disciplines scientifiques

mathématiques (f pl)	คณิตศาสตร์	khá-nít sàat
algèbre (f)	พีชคณิต	phee-chá-khá-nít
géométrie (f)	เรขาคณิต	ray-khǎa khá-nít
astronomie (f)	ดาราศาสตร์	daa-raa sàat
biologie (f)	ชีววิทยา	chee-wá-wít-thá-yaa
géographie (f)	ภูมิศาสตร์	phoo-mí-sàat
géologie (f)	ธรณีวิทยา	thor-rá-nee wít-thá-yaa
histoire (f)	ประวัติศาสตร์	bprà-wàt sàat
médecine (f)	แพทยศาสตร์	phâet-tha-ya-sàat
pédagogie (f)	ครุศาสตร์	khrú sàat
droit (m)	ธรรมศาสตร์	tham-ma-sàat
physique (f)	ฟิสิกส์	fí-sìk
chimie (f)	เคมี	khay-mee
philosophie (f)	ปรัชญา	bpràt-yaa
psychologie (f)	จิตวิทยา	jìt-wít-thá-yaa

97. Le systéme d'ếcriture et l'orthographe

grammaire (f)	ไวยากรณ์	wai-yaa-gon
vocabulaire (m)	คำศัพท์	kham sàp
phonétique (f)	การออกเสียง	gaan òrk sǐang
nom (m)	นาม	naam
adjectif (m)	คำคุณศัพท์	kham khun-ná-sàp
verbe (m)	กริยา	grì-yaa
adverbe (m)	คำวิเศษณ์	kham wí-sàyt
pronom (m)	คำสรรพนาม	kham sàp-phá-naam
interjection (f)	คำอุทาน	kham u-thaan
préposition (f)	คำบุพบท	kham bùp-phá-bòt
racine (f)	รากศัพท์	râak sàp
terminaison (f)	คำลงท้าย	kham long tháai
préfixe (m)	คำนำหน้า	kham nam nâa
syllabe (f)	พยางค์	phá-yaang
suffixe (m)	คำเสริมท้าย	kham sěrm tháai
accent (m) tonique	เครื่องหมายเน้น	khrêuang mǎai náyn
apostrophe (f)	อะพอสทรอฟี	à-phor-sòt-ror-fee
point (m)	จุด	jùt
virgule (f)	จุลภาค	jun-lá-phâak
point (m) virgule	อัฒภาค	àt-thá-phâak
deux-points (m)	ทวิภาค	thá-wí phâak
points (m pl) de suspension	การละไว้	gaan lá wái
point (m) d'interrogation	เครื่องหมายปรัศนี	khrêuang mǎai bpràt-nee
point (m) d'exclamation	เครื่องหมายอัศเจรีย์	khrêuang mǎai àt-sà-jay-ree

guillemets (m pl)	อัญประกาศ	an-yá-bprà-gàat
entre guillemets	ในอัญประกาศ	nai an-yá-bprà-gàat
parenthèses (f pl)	วงเล็บ	wong lép
entre parenthèses	ในวงเล็บ	nai wong lép
trait (m) d'union	ยัติภังค์	yát-dtì-phang
tiret (m)	ขีดคั่น	khèet khân
blanc (m)	ช่องไฟ	chôrng fai
lettre (f)	ตัวอักษร	dtua àk-sǒn
majuscule (f)	อักษรตัวใหญ่	àk-sǒn dtua yài
voyelle (f)	สระ	sà-ra
consonne (f)	พยัญชนะ	phá-yan-chá-ná
proposition (f)	ประโยค	bprà-yòhk
sujet (m)	ภาคประธาน	phâak bprà-thaan
prédicat (m)	ภาคแสดง	phâak sà-daeng
ligne (f)	บรรทัด	ban-thát
à la ligne	ที่บรรทัดใหม่	têe ban-thát mài
paragraphe (m)	วรรค	wák
mot (m)	คำ	kham
groupe (m) de mots	กลุ่มคำ	glùm kham
expression (f)	วลี	wá-lee
synonyme (m)	คำพ้องความหมาย	kham phóng khwaam mǎai
antonyme (m)	คำตรงกันข้าม	kham dtrorng gan khâam
règle (f)	กฎ	gòt
exception (f)	ข้อยกเว้น	khôr yok-wâyn
correct (adj)	ถูก	thòok
conjugaison (f)	คอนจูเกชัน	khorn joo gay chan
déclinaison (f)	การกระจายคำ	gaan grà-jaai kham
cas (m)	การก	gaa-rók
question (f)	คำถาม	kham thǎam
souligner (vt)	ขีดเส้นใต้	khèet sên dtâi
pointillé (m)	เส้นประ	sên bprà

98. Les langues êtrangéres

langue (f)	ภาษา	phaa-sǎa
étranger (adj)	ต่างชาติ	dtàang châat
langue (f) étrangère	ภาษาต่างชาติ	phaa-sǎa dtàang châat
étudier (vt)	เรียน	rian
apprendre (~ l'arabe)	เรียน	rian
lire (vi, vt)	อ่าน	àan
parler (vi, vt)	พูด	phôot
comprendre (vt)	เข้าใจ	khâo jai
écrire (vt)	เขียน	khǐan
vite (adv)	รวดเร็ว	rûat reo
lentement (adv)	อย่างช้า	yàang cháa

couramment (adv)	อย่างคล่อง	yàang khlôrng
règles (f pl)	กฎ	gòt
grammaire (f)	ไวยากรณ์	wai-yaa-gon
vocabulaire (m)	คำศัพท์	kham sàp
phonétique (f)	การออกเสียง	gaan òrk sĭang
manuel (m)	หนังสือเรียน	năng-sĕu rian
dictionnaire (m)	พจนานุกรม	phót-jà-naa-nú-grom
manuel (m) autodidacte	หนังสือแบบเรียนด้วยตนเอง	năng-sĕu bàep rian dûay dton ayng
guide (m) de conversation	เฟรสบุก	frayt bùk
cassette (f)	เทปคาสเซ็ตต์	thâyp khaas-sét
cassette (f) vidéo	วิดีโอ	wí-dee-oh
CD (m)	CD	see-dee
DVD (m)	DVD	dee-wee-dee
alphabet (m)	ตัวอักษร	dtua àk-sŏn
épeler (vt)	สะกด	sà-gòt
prononciation (f)	การออกเสียง	gaan òrk sĭang
accent (m)	สำเนียง	săm-niang
avec un accent	มีสำเนียง	mee săm-niang
sans accent	ไม่มีสำเนียง	mâi mee săm-niang
mot (m)	คำ	kham
sens (m)	ความหมาย	khwaam măai
cours (m pl)	หลักสูตร	làk sòot
s'inscrire (vp)	สมัคร	sà-màk
professeur (m) (~ d'anglais)	อาจารย์	aa-jaan
traduction (f) (action)	การแปล	gaan bplae
traduction (f) (texte)	คำแปล	kham bplae
traducteur (m)	นักแปล	nák bplae
interprète (m)	ล่าม	lâam
polyglotte (m)	ผู้รู้หลายภาษา	phôo róo lăai paa-săa
mémoire (f)	ความทรงจำ	khwaam song jam

Les loisirs. Les voyages

99. Les voyages. Les excursions

tourisme (m)	การท่องเที่ยว	gaan thôrng thîeow
touriste (m)	นักท่องเที่ยว	nák thôrng thîeow
voyage (m) (à l'étranger)	การเดินทาง	gaan dern thaang
aventure (f)	การผจญภัย	gaan phà-jon phai
voyage (m)	การเดินทาง	gaan dern thaang
vacances (f pl)	วันหยุดพักผ่อน	wan yùt phák phòrn
être en vacances	หยุดพักผอน	yùt phák phòrn
repos (m) (jours de ~)	การพัก	gaan phák
train (m)	รถไฟ	rót fai
en train	โดยรถไฟ	doi rót fai
avion (m)	เครื่องบิน	khrêuang bin
en avion	โดยเครื่องบิน	doi khrêuang bin
en voiture	โดยรถยนต์	doi rót-yon
en bateau	โดยเรือ	doi reua
bagage (m)	สัมภาระ	săm-phaa-rá
malle (f)	กระเป๋าเดินทาง	grà-bpăo dern-thaang
chariot (m)	รถขนสัมภาระ	rót khŏn săm-phaa-rá
passeport (m)	หนังสือเดินทาง	năng-sĕu dern-thaang
visa (m)	วีซ่า	wee-sâa
ticket (m)	ตั๋ว	dtŭa
billet (m) d'avion	ตั๋วเครื่องบิน	dtŭa khrêuang bin
guide (m) (livre)	หนังสือแนะนำ	năng-sĕu náe nam
carte (f)	แผนที่	phăen thêe
région (f) (~ rurale)	เขต	khàyt
endroit (m)	สถานที่	sà-thăan thêe
exotisme (m)	สิ่งแปลกใหม่	sìng bplàek mài
exotique (adj)	ต่างแดน	dtàang daen
étonnant (adj)	น่าประหลาดใจ	nâa bprà-làat jai
groupe (m)	กลุ่ม	glùm
excursion (f)	การเดินทางท่องเที่ยว	gaan dern taang thôrng thîeow
guide (m) (personne)	มัคคุเทศก์	mák-khú-thâyt

100. L'hôtel

hôtel (m)	โรงแรม	rohng raem
motel (m)	โรงแรม	rohng raem

3 étoiles	สามดาว	săam daao
5 étoiles	หาดาว	hâa daao
descendre (à l'hôtel)	พัก	phák
chambre (f)	ห้อง	hôrng
chambre (f) simple	ห้องเดี่ยว	hôrng dìeow
chambre (f) double	ห้องคู่	hôrng khôo
réserver une chambre	จองห้อง	jorng hôrng
demi-pension (f)	พักครึ่งวัน	phák khrêung wan
pension (f) complète	พักเต็มวัน	phák dtem wan
avec une salle de bain	มีห้องอาบน้ำ	mee hôrng àap náam
avec une douche	มีฝักบัว	mee fàk bua
télévision (f) par satellite	โทรทัศน์ดาวเทียม	thoh-rá-thát daao thiam
climatiseur (m)	เครื่องปรับอากาศ	khrêuang bpràp-aa-gàat
serviette (f)	ผ้าเช็ดตัว	phâa chét dtua
clé (f)	กุญแจ	gun-jae
administrateur (m)	นักบริหาร	nák bor-rí-hăn
femme (f) de chambre	แม่บ้าน	mâe bâan
porteur (m)	พนักงานขนกระเป๋า	phá-nák ngaan khŏn grà-bpăo
portier (m)	พนักงานเปิดประตู	phá-nák ngaan bpèrt bprà-dtoo
restaurant (m)	ร้านอาหาร	ráan aa-hăan
bar (m)	บาร์	baa
petit déjeuner (m)	อาหารเช้า	aa-hăan cháo
dîner (m)	อาหารเย็น	aa-hăan yen
buffet (m)	บุฟเฟต์	bùf-fây
hall (m)	ล็อบบี้	lórp-bêe
ascenseur (m)	ลิฟต์	líf
PRIÈRE DE NE PAS DÉRANGER	ห้ามรบกวน	hâam róp guan
DÉFENSE DE FUMER	ห้ามสูบบุหรี่	hâam sòop bù rèe

LE MATÉRIEL TECHNIQUE. LES TRANSPORTS

Le matériel technique

101. L'informatique

ordinateur (m)	คอมพิวเตอร์	khorm-phiw-dtêr
PC (m) portable	โน๊ตบุค	nóht búk
allumer (vt)	เปิด	bpèrt
éteindre (vt)	ปิด	bpìt
clavier (m)	แป้นพิมพ์	bpâen phim
touche (f)	ปุ่ม	bpùm
souris (f)	เมาส์	mao
tapis (m) de souris	แผ่นรองเมาส์	phàen rorng mao
bouton (m)	ปุ่ม	bpùm
curseur (m)	เคอร์เซอร์	khêr-sêr
moniteur (m)	จอมอนิเตอร์	jor mor-ní-dtêr
écran (m)	หน้าจอ	nâa jor
disque (m) dur	ฮาร์ดดิสก์	hâat-dìt
capacité (f) du disque dur	ความจุฮาร์ดดิสก์	kwaam jù hâat-dìt
mémoire (f)	หน่วยความจำ	nùay khwaam jam
mémoire (f) vive	หน่วยความจำเข้าถึงโดยสุ่ม	nùay khwaam jam khâo thěung doi sùm
fichier (m)	ไฟล์	fai
dossier (m)	โฟลเดอร์	fohl-dêr
ouvrir (vt)	เปิด	bpèrt
fermer (vt)	ปิด	bpìt
sauvegarder (vt)	บันทึก	ban-théuk
supprimer (vt)	ลบ	lóp
copier (vt)	คัดลอก	khát lôrk
trier (vt)	จัดเรียง	jàt riang
copier (vt)	ทำสำเนา	tham sǎm-nao
programme (m)	โปรแกรม	bproh-graem
logiciel (m)	ซอฟต์แวร์	sôf-wae
programmeur (m)	นักเขียนโปรแกรม	nák khǐan bproh-graem
programmer (vt)	เขียนโปรแกรม	khǐan bproh-graem
hacker (m)	แฮ็กเกอร์	háek-gêr
mot (m) de passe	รหัสผ่าน	rá-hàt phàan
virus (m)	ไวรัส	wai-rát
découvrir (détecter)	ตรวจพบ	dtrùat phóp

| bit (m) | ไบท์ | bai |
| mégabit (m) | เมกะไบท์ | may-gà-bai |

| données (f pl) | ข้อมูล | khôr moon |
| base (f) de données | ฐานข้อมูล | thăan khôr moon |

câble (m)	สายเคเบิล	săai khay-bêrn
déconnecter (vt)	ตัดการเชื่อมต่อ	dtàt gaan chêuam dtòr
connecter (vt)	เชื่อมต่อ	chêuam dtòr

102. L'Internet. Le courrier électronique

Internet (m)	อินเทอร์เน็ต	in-thêr-nét
navigateur (m)	เบราว์เซอร์	brao-sêr
moteur (m) de recherche	โปรแกรมคันหา	bproh-graem khón hăa
fournisseur (m) d'accès	ผู้ให้บริการ	phôo hâi bor-rí-gaan

administrateur (m) de site	เว็บมาสเตอร์	wép-mâat-dtêr
site (m) web	เว็บไซต์	wép sai
page (f) web	เว็บเพจ	wép phâyt

| adresse (f) | ที่อยู่ | thêe yòo |
| carnet (m) d'adresses | สมุดที่อยู่ | sà-mùt thêe yòo |

boîte (f) de réception	กล่องจดหมายอีเมลล์	glòrng jòt măai ee-mayn
courrier (m)	จดหมาย	jòt măai
pleine (adj)	เต็ม	dtem

message (m)	ข้อความ	khôr khwaam
messages (pl) entrants	ข้อความขาเข้า	khôr khwaam khăa khâo
messages (pl) sortants	ข้อความขาออก	khôr khwaam khăa òrk

expéditeur (m)	ผู้ส่ง	phôo sòng
envoyer (vt)	ส่ง	sòng
envoi (m)	การส่ง	gaan sòng

| destinataire (m) | ผู้รับ | phôo ráp |
| recevoir (vt) | รับ | ráp |

| correspondance (f) | การติดต่อกันทางจดหมาย | gaan dtìt dtòr gan thaang jòt măai |
| être en correspondance | ติดต่อกันทางจดหมาย | dtìt dtòr gan thaang jòt măai |

fichier (m)	ไฟล์	fai
télécharger (vt)	ดาวน์โหลด	daao lòht
créer (vt)	สร้าง	sâang
supprimer (vt)	ลบ	lóp
supprimé (adj)	ถูกลบ	thòok lóp

connexion (f) (ADSL, etc.)	การเชื่อมต่อ	gaan chêuam dtòr
vitesse (f)	ความเร็ว	khwaam reo
modem (m)	โมเด็ม	moh-dem
accès (m)	การเข้าถึง	gaan khâo thĕung
port (m)	พอร์ท	phôt

connexion (f) (établir la ~)	การเชื่อมต่อ	gaan chêuam dtòr
se connecter à ...	เชื่อมต่อกับ...	chêuam dtòr gàp...
sélectionner (vt)	เลือก	lêuak
rechercher (vt)	คนหา	khón hăa

103. L'électricité

électricité (f)	ไฟฟ้า	fai fáa
électrique (adj)	ทางไฟฟ้า	thaang fai-fáa
centrale (f) électrique	โรงไฟฟ้า	rohng fai-fáa
énergie (f)	พลังงาน	phá-lang ngaan
énergie (f) électrique	กำลังไฟฟ้า	gam-lang fai-fáa
ampoule (f)	หลอดไฟฟ้า	lòrt fai fáa
torche (f)	ไฟฉาย	fai chăai
réverbère (m)	เสาไฟถนน	săo fai thà-nŏn
lumière (f)	ไฟ	fai
allumer (vt)	เปิด	bpèrt
éteindre (vt)	ปิด	bpìt
éteindre la lumière	ปิดไฟ	bpìt fai
être grillé	ขาด	khàat
court-circuit (m)	การลัดวงจร	gaan lát wong-jon
rupture (f)	สายขาด	săai khàat
contact (m)	สายต่อกัน	săai dtòr gan
interrupteur (m)	สวิตช์ไฟ	sà-wít fai
prise (f)	เต้าเสียบปลั๊กไฟ	dtâo sìap bplák fai
fiche (f)	ปลั๊กไฟ	bplák fai
rallonge (f)	สายพ่วงไฟ	săai phûang fai
fusible (m)	ฟิวส์	fiw
fil (m)	สายไฟ	săai fai
installation (f) électrique	การเดินสายไฟ	gaan dern săai fai
ampère (m)	แอมแปร์	aem-bpae
intensité (f) du courant	กำลังไฟฟ้า	gam-lang fai-fáa
volt (m)	โวลต์	wohn
tension (f)	แรงดันไฟฟ้า	raeng dan fai fáa
appareil (m) électrique	เครื่องใช้ไฟฟ้า	khrêuang chái fai fáa
indicateur (m)	ตัวระบุ	dtua rá-bù
électricien (m)	ช่างไฟฟ้า	châang fai-fáa
souder (vt)	บัดกรี	bàt-gree
fer (m) à souder	หัวแร้งบัดกรี	hŭa ráeng bàt-gree
courant (m)	กระแสไฟฟ้า	grà-săe fai fáa

104. Les outils

outil (m)	เครื่องมือ	khrêuang meu
outils (m pl)	เครื่องมือ	khrêuang meu

équipement (m)	อุปกรณ์	ù-bpà-gon
marteau (m)	ค้อน	khórn
tournevis (m)	ไขควง	khǎi khuang
hache (f)	ขวาน	khwǎan
scie (f)	เลื่อย	lêuay
scier (vt)	เลื่อย	lêuay
rabot (m)	กบไสไม้	gòp sǎi máai
raboter (vt)	ไสกบ	sǎi gòp
fer (m) à souder	หัวแร้งบัดกรี	hǔa ráeng bàt-gree
souder (vt)	บัดกรี	bàt-gree
lime (f)	ตะไบ	dtà-bai
tenailles (f pl)	คีม	kheem
pince (f) plate	คีมปอกสายไฟ	kheem bpòk sǎai fai
ciseau (m)	สิ่ว	sìw
foret (m)	หัวสว่าน	hǔa sà-wàan
perceuse (f)	สว่านไฟฟ้า	sà-wàan fai fáa
percer (vt)	เจาะ	jòr
couteau (m)	มีด	mêet
canif (m)	มีดพก	mêet phók
lame (f)	ใบ	bai
bien affilé (adj)	คม	khom
émoussé (adj)	ทื่อ	thêu
s'émousser (vp)	ทำให้...ทื่อ	tham hâi...thêu
affiler (vt)	ลับคม	láp khom
boulon (m)	สลักเกลียว	sà-làk glieow
écrou (m)	แหวนสกรู	wǎen sà-groo
filetage (m)	เกลียว	glieow
vis (f) à bois	สกรู	sà-groo
clou (m)	ตะปู	dtà-bpoo
tête (f) de clou	หัวตะปู	hǔa dtà-bpoo
règle (f)	ไม้บรรทัด	máai ban-thát
mètre (m) à ruban	เทปวัดระยะทาง	thâyp wát rá-yá taang
niveau (m) à bulle	เครื่องวัดระดับน้ำ	khrêuang wát rá-dàp náam
loupe (f)	แว่นขยาย	wâen khà-yǎai
appareil (m) de mesure	เครื่องมือวัด	khrêuang meu wát
mesurer (vt)	วัด	wát
échelle (f) (~ métrique)	อัตรา	àt-dtraa
relevé (m)	คามิเตอร์	khâa mí-dtêr
compresseur (m)	เครื่องอัดอากาศ	khrêuang àt aa-gàat
microscope (m)	กล้องจุลทัศน์	glôrng jun-la -thát
pompe (f)	ปั้ม	bpám
robot (m)	หุ่นยนต์	hùn yon
laser (m)	เลเซอร์	lay-sêr
clé (f) de serrage	ประแจ	bprà-jae
ruban (m) adhésif	เทปกาว	thâyp gaao

colle (f)	กาว	gaao
papier (m) d'émeri	กระดาษทราย	grà-dàat saai
ressort (m)	สปริง	sà-bpring
aimant (m)	แม่เหล็ก	mâe lèk
gants (m pl)	ถุงมือ	thǔng meu
corde (f)	เชือก	chêuak
cordon (m)	สาย	sǎai
fil (m) (~ électrique)	สายไฟ	sǎai fai
câble (m)	สายเคเบิล	sǎai khay-bêrn
masse (f)	ค้อนขนาดใหญ่	khón khà-nàat yài
pic (m)	ชะแลง	chá-laeng
escabeau (m)	บันได	ban-dai
échelle (f) double	กระได	grà-dai
visser (vt)	ขันเกลียวเข้า	khǎn glieow khâo
dévisser (vt)	ขันเกลียวออก	khǎn glieow òk
serrer (vt)	ขันให้แน่น	khǎn hâi náen
coller (vt)	ติดกาว	dtìt gaao
couper (vt)	ตัด	dtàt
défaut (m)	ความผิดพลาด	khwaam phìt phlâat
réparation (f)	การซ่อมแซม	gaan sôrm saem
réparer (vt)	ซ่อม	sôrm
régler (vt)	ปรับ	bpràp
vérifier (vt)	ตรวจ	dtrùat
vérification (f)	การตรวจ	gaan dtrùat
relevé (m)	คามิเตอร์	khâa mí-dtêr
fiable (machine ~)	ไว้วางใจได้	wái waang jai dâai
complexe (adj)	ซับซ้อน	sáp són
rouiller (vi)	ขึ้นสนิม	khêun sà-nǐm
rouillé (adj)	เป็นสนิม	bpen sà-nǐm
rouille (f)	สนิม	sà-nǐm

Les transports

105. L'avion

avion (m)	เครื่องบิน	khrêuang bin
billet (m) d'avion	ตั๋วเครื่องบิน	dtŭa khrêuang bin
compagnie (f) aérienne	สายการบิน	săai gaan bin
aéroport (m)	สนามบิน	sà-năam bin
supersonique (adj)	ความเร็วเหนือเสียง	khwaam reo nĕua-sĭang
commandant (m) de bord	กัปตัน	gàp dtan
équipage (m)	ลูกเรือ	lôok reua
pilote (m)	นักบิน	nák bin
hôtesse (f) de l'air	พนักงานต้อนรับบนเครื่องบิน	phá-nák ngaan dtôrn ráp bon khrêuang bin
navigateur (m)	ต้นหน	dtôn hŏn
ailes (f pl)	ปีก	bpèek
queue (f)	หาง	hăang
cabine (f)	ห้องนักบิน	hôrng nák bin
moteur (m)	เครื่องยนต์	khrêuang yon
train (m) d'atterrissage	โครงส่วนล่างของเครื่องบิน	khrorng sùan lâang khŏrng khrêuang bin
turbine (f)	กังหัน	gang-hăn
hélice (f)	ใบพัด	bai phát
boîte (f) noire	กล่องดำ	glòrng dam
gouvernail (m)	คันบังคับ	khan bang-kháp
carburant (m)	เชื้อเพลิง	chéua phlerng
consigne (f) de sécurité	คู่มือความปลอดภัย	khôo meu khwaam bplòt phai
masque (m) à oxygène	หน้ากากอ็อกซิเจน	nâa gàak ók sí jayn
uniforme (m)	เครื่องแบบ	khrêuang bàep
gilet (m) de sauvetage	เสื้อชูชีพ	sêua choo chêep
parachute (m)	ร่มชูชีพ	rôm choo chêep
décollage (m)	การบินขึ้น	gaan bin khêun
décoller (vi)	บินขึ้น	bin khêun
piste (f) de décollage	ทางวิ่งเครื่องบิน	thaang wîng khrêuang bin
visibilité (f)	ทัศนวิสัย	thát sá ná wí-săi
vol (m) (~ d'oiseau)	การบิน	gaan bin
altitude (f)	ความสูง	khwaam sŏong
trou (m) d'air	หลุมอากาศ	lŭm aa-gàat
place (f)	ที่นั่ง	thêe nâng
écouteurs (m pl)	หูฟัง	hŏo fang
tablette (f)	ถาดพับเก็บได้	thàat pháp gèp dâai
hublot (m)	หน้าต่างเครื่องบิน	nâa dtàang khrêuang bin
couloir (m)	ทางเดิน	thaang dern

106. Le train

train (m)	รถไฟ	rót fai
train (m) de banlieue	รถไฟชานเมือง	rót fai chaan meuang
TGV (m)	รถไฟด่วน	rót fai dùan
locomotive (f) diesel	รถจักรดีเซล	rót jàk dee-sayn
locomotive (f) à vapeur	รถจักรไอน้ำ	rót jàk ai náam
wagon (m)	ตู้โดยสาร	dtôo doi săan
wagon-restaurant (m)	ตู้เสบียง	dtôo sà-biang
rails (m pl)	รางรถไฟ	raang rót fai
chemin (m) de fer	ทางรถไฟ	thaang rót fai
traverse (f)	หมอนรองราง	mŏrn rorng raang
quai (m)	ชานชลา	chaan-chá-laa
voie (f)	ราง	raang
sémaphore (m)	ไฟสัญญาณรถไฟ	fai săn-yaan rót fai
station (f)	สถานี	sà-thăa-nee
conducteur (m) de train	คนขับรถไฟ	khon khàp rót fai
porteur (m)	พนักงานยกกระเป๋า	phá-nák ngaan yók grà-bpăo
steward (m)	พนักงานรถไฟ	phá-nák ngaan rót fai
passager (m)	ผู้โดยสาร	phôo doi săan
contrôleur (m) de billets	พนักงานตรวจตั๋ว	phá-nák ngaan dtrùat dtŭa
couloir (m)	ทางเดิน	thaang dern
frein (m) d'urgence	เบรคฉุกเฉิน	bràyk chùk-chěrn
compartiment (m)	ตู้นอน	dtôo norn
couchette (f)	เตียง	dtiang
couchette (f) d'en haut	เตียงบน	dtiang bon
couchette (f) d'en bas	เตียงล่าง	dtiang lâang
linge (m) de lit	ชุดเครื่องนอน	chút khrêuang norn
ticket (m)	ตั๋ว	dtŭa
horaire (m)	ตารางเวลา	dtaa-raang way-laa
tableau (m) d'informations	กระดานแสดงข้อมูล	grà daan sà-daeng khôr moon
partir (vi)	ออกเดินทาง	òrk dern thaang
départ (m) (du train)	การออกเดินทาง	gaan òrk dern thaang
arriver (le train)	มาถึง	maa thĕung
arrivée (f)	การมาถึง	gaan maa thĕung
arriver en train	มาถึงโดยรถไฟ	maa thĕung doi rót fai
prendre le train	ขึ้นรถไฟ	khêun rót fai
descendre du train	ลงจากรถไฟ	long jàak rót fai
accident (m) ferroviaire	รถไฟตกราง	rót fai dtòk raang
dérailler (vi)	ตกราง	dtòk raang
locomotive (f) à vapeur	หัวรถจักรไอน้ำ	hŭa rót jàk ai náam
chauffeur (m)	คนควบคุมเตาไฟ	khon khûap khum dtao fai
chauffe (f)	เตาไฟ	dtao fai
charbon (m)	ถ่านหิน	thàan hĭn

107. Le bateau

bateau (m)	เรือ	reua
navire (m)	เรือ	reua
bateau (m) à vapeur	เรือจักรไอน้ำ	reua jàk ai náam
paquebot (m)	เรือลองแมน้ำ	reua lông mâe náam
bateau (m) de croisière	เรือเดินสมุทร	reua dern sà-mùt
croiseur (m)	เรือลาดตระเวน	reua lâat dtrà-wayn
yacht (m)	เรือยอชต์	reua yôt
remorqueur (m)	เรือลากจูง	reua lâak joong
péniche (f)	เรือบรรทุก	reua ban-thúk
ferry (m)	เรือข้ามฟาก	reua khâam fâak
voilier (m)	เรือใบ	reua bai
brigantin (m)	เรือใบสองเสากระโดง	reua bai sŏrng săo grà-dohng
brise-glace (m)	เรือตัดน้ำแข็ง	reua dtàt náam khăeng
sous-marin (m)	เรือดำน้ำ	reua dam náam
canot (m) à rames	เรือพาย	reua phaai
dinghy (m)	เรือบดเล็ก	reua bòt lék
canot (m) de sauvetage	เรือชูชีพ	reua choo chêep
canot (m) à moteur	เรือยนต์	reua yon
capitaine (m)	กัปตัน	gàp dtan
matelot (m)	นาวิน	naa-win
marin (m)	คนเรือ	khon reua
équipage (m)	กะลาสี	gà-laa-sĕe
maître (m) d'équipage	สรั่ง	sà-ràng
mousse (m)	คนช่วยงานในเรือ	khon chûay ngaan nai reua
cuisinier (m) du bord	กุ๊ก	gúk
médecin (m) de bord	แพทย์เรือ	phâet reua
pont (m)	ดาดฟ้าเรือ	dàat-fáa reua
mât (m)	เสากระโดงเรือ	săo grà-dohng reua
voile (f)	ใบเรือ	bai reua
cale (f)	ท้องเรือ	thórng-reua
proue (f)	หัวเรือ	hŭa-reua
poupe (f)	ท้ายเรือ	tháai reua
rame (f)	ไม้พาย	máai phaai
hélice (f)	ใบจักร	bai jàk
cabine (f)	ห้องพัก	hôrng phák
carré (m) des officiers	ห้องอาหาร	hôrng aa-hăan
salle (f) des machines	ห้องเครื่องยนต์	hôrng khrêuang yon
passerelle (f)	สะพานเดินเรือ	sà-phaan dern reua
cabine (f) de T.S.F.	ห้องวิทยุ	hôrng wít-thá-yú
onde (f)	คลื่นความถี่	khlêun khwaam thèe
journal (m) de bord	สมุดบันทึก	sà-mùt ban-théuk
longue-vue (f)	กล้องสองทางไกล	glôrng sŏrng thaang glai
cloche (f)	ระฆัง	rá-khang

pavillon (m)	ธง	thorng
grosse corde (f) tressée	เชือก	chêuak
nœud (m) marin	ปม	bpom

rampe (f)	ราว	raao
passerelle (f)	ไม้พาดให้ขึ้นลงเรือ	mái phâat hâi khêun long reua

ancre (f)	สมอ	sà-mǒr
lever l'ancre	ถอนสมอ	thǒrn sà-mǒr
jeter l'ancre	ทอดสมอ	thôrt sà-mǒr
chaîne (f) d'ancrage	โซ่สมอเรือ	sôh sà-mǒr reua

port (m)	ท่าเรือ	thâa reua
embarcadère (m)	ท่า	thâa
accoster (vi)	จอดเทียบท่า	jòt thîap tâa
larguer les amarres	ออกจากท่า	òrk jàak tâa

voyage (m) (à l'étranger)	การเดินทาง	gaan dern thaang
croisière (f)	การล่องเรือ	gaan lôrng reua
cap (m) (suivre un ~)	เส้นทาง	sên thaang
itinéraire (m)	เส้นทาง	sên thaang

chenal (m)	ร่องเรือเดิน	rông reua dern
bas-fond (m)	โขด	khòht
échouer sur un bas-fond	เกยตื้น	goie dtêun

tempête (f)	พายุ	phaa-yú
signal (m)	สัญญาณ	sǎn-yaan
sombrer (vi)	ล่ม	lôm
Un homme à la mer!	คนตกเรือ!	kon dtòk reua
SOS (m)	SOS	es-o-es
bouée (f) de sauvetage	ห่วงยาง	hùang yaang

108. L'aéroport

aéroport (m)	สนามบิน	sà-nǎam bin
avion (m)	เครื่องบิน	khrêuang bin
compagnie (f) aérienne	สายการบิน	sǎai gaan bin
contrôleur (m) aérien	เจ้าหน้าที่ควบคุมจราจรทางอากาศ	jâo nâa-thêe khûap khum jà-raa-jon thaang aa-gàat

départ (m)	การออกเดินทาง	gaan òrk dern thaang
arrivée (f)	การมาถึง	gaan maa thěung
arriver (par avion)	มาถึง	maa thěung

temps (m) de départ	เวลาขาไป	way-laa khǎa bpai
temps (m) d'arrivée	เวลามาถึง	way-laa maa thěung

être retardé	ถูกเลื่อน	thòok lêuan
retard (m) de l'avion	เลื่อนเที่ยวบิน	lêuan thieow bin
tableau (m) d'informations	กระดานแสดงข้อมูล	grà daan sà-daeng khôr moon
information (f)	ข้อมูล	khôr moon

annoncer (vt)	ประกาศ	bprà-gàat
vol (m)	เที่ยวบิน	thîeow bin
douane (f)	ศุลกากร	sŭn-lá-gaa-gon
douanier (m)	เจ้าหน้าที่ศุลกากร	jâo nâa-thêe sŭn-lá-gaa-gon
déclaration (f) de douane	แบบฟอร์มการเสียภาษีศุลกากร	bàep form gaan sĭa phaa-sĕe sŭn-lá-gaa-gon
remplir (vt)	กรอก	gròrk
remplir la déclaration	กรอกแบบฟอร์มการเสียภาษี	gròrk bàep form gaan sĭa paa-sĕe
contrôle (m) de passeport	จุดตรวจหนังสือเดินทาง	jùt dtrùat năng-sĕu dern-thaang
bagage (m)	สัมภาระ	săm-phaa-rá
bagage (m) à main	กระเป๋าถือ	grà-bpăo thĕu
chariot (m)	รถขนสัมภาระ	rót khŏn săm-phaa-rá
atterrissage (m)	การลงจอด	gaan long jòrt
piste (f) d'atterrissage	ลานบินลงจอด	laan bin long jòrt
atterrir (vi)	ลงจอด	long jòrt
escalier (m) d'avion	ทางขึ้นลงเครื่องบิน	thaang khêun long khrêuang bin
enregistrement (m)	การเช็คอิน	gaan chék in
comptoir (m) d'enregistrement	เคาน์เตอร์เช็คอิน	khao-dtêr chék in
s'enregistrer (vp)	เช็คอิน	chék in
carte (f) d'embarquement	บัตรที่นั่ง	bàt thêe nâng
porte (f) d'embarquement	ช่องเข้า	chôrng khâo
transit (m)	การต่อเที่ยวบิน	gaan tòr thîeow bin
attendre (vt)	รอ	ror
salle (f) d'attente	ห้องผู้โดยสารขาออก	hôrng phôo doi săan khăa òk
raccompagner (à l'aéroport, etc.)	ไปส่ง	bpai sòng
dire au revoir	บอกลา	bòrk laa

Les grands événements de la vie

109. Les fêtes et les événements

fête (f)	วันหยุดเฉลิมฉลอง	wan yùt chà-lěrm chà-lŏng
fête (f) nationale	วันชาติ	wan châat
jour (m) férié	วันหยุดนักขัตฤกษ์	wan yùt nák-kàt-rêrk
fêter (vt)	เฉลิมฉลอง	chà-lěrm chà-lŏrng
événement (m) (~ du jour)	เหตุการณ์	hàyt gaan
événement (m) (soirée, etc.)	งานอีเวนต์	ngaan ee wayn
banquet (m)	งานเลี้ยง	ngaan líang
réception (f)	งานเลี้ยง	ngaan líang
festin (m)	งานฉลอง	ngaan chà-lŏrng
anniversaire (m)	วันครบรอบ	wan khróp rôrp
jubilé (m)	วันครบรอบปี	wan khróp rôrp bpee
célébrer (vt)	ฉลอง	chà-lŏrng
Nouvel An (m)	ปีใหม่	bpee mài
Bonne année!	สวัสดีปีใหม่!	sà-wàt-dee bpee mài
Père Noël (m)	ซานตาคลอส	saan-dtaa-khlôrt
Noël (m)	คริสต์มาส	khrít-mâat
Joyeux Noël!	สุขสันต์วันคริสต์มาส	sùk-sǎn wan khrít-mâat
arbre (m) de Noël	ต้นคริสต์มาส	dtôn khrít-mâat
feux (m pl) d'artifice	ดอกไม้ไฟ	dòrk máai fai
mariage (m)	งานแต่งงาน	ngaan dtàeng ngaan
fiancé (m)	เจ้าบ่าว	jâo bàao
fiancée (f)	เจ้าสาว	jâo sǎao
inviter (vt)	เชิญ	chern
lettre (f) d'invitation	บัตรเชิญ	bàt chern
invité (m)	แขก	khàek
visiter (~ les amis)	ไปเยี่ยม	bpai yîam
accueillir les invités	ต้อนรับแขก	dton ráp khàek
cadeau (m)	ของขวัญ	khǒrng khwǎn
offrir (un cadeau)	ให้	hâi
recevoir des cadeaux	รับของขวัญ	ráp khǒrng khwǎn
bouquet (m)	ช่อดอกไม้	chôr dòrk máai
félicitations (f pl)	คำแสดงความยินดี	kham sà-daeng khwaam yin-dee
féliciter (vt)	แสดงความยินดี	sà-daeng khwaam yin dee
carte (f) de veux	บัตรอวยพร	bàt uay phon
envoyer une carte	ส่งโปสการ์ด	sòng bpòht-gàat

recevoir une carte	รับโปสการ์ด	ráp bpòht-gàat
toast (m)	ดื่มอวยพร	dèum uay phon
offrir (un verre, etc.)	เลี้ยงเครื่องดื่ม	líang khrêuang dèum
champagne (m)	แชมเปญ	chaem-bpayn
s'amuser (vp)	มีความสุข	mee khwaam sùk
gaieté (f)	ความรื่นเริง	khwaam rêun-rerng
joie (f) (émotion)	ความสุขสันต์	khwaam sùk-săn
danse (f)	การเต้น	gaan dtên
danser (vi, vt)	เต้น	dtên
valse (f)	วอลทซ์	wɔ:lts
tango (m)	แทงโก	thaeng-gôh

110. L'enterrement. Le deuil

cimetière (m)	สุสาน	sù-săan
tombe (f)	หลุมศพ	lŭm sòp
croix (f)	ไม้กางเขน	mái gaang khăyn
pierre (f) tombale	ป้ายหลุมศพ	bpâai lŭm sòp
clôture (f)	รั้ว	rúa
chapelle (f)	โรงสวด	rohng sùat
mort (f)	ความตาย	khwaam dtaai
mourir (vi)	ตาย	dtaai
défunt (m)	ผู้เสียชีวิต	phôo sĭa chee-wít
deuil (m)	การไว้อาลัย	gaan wái aa-lai
enterrer (vt)	ฝังศพ	făng sòp
maison (f) funéraire	บริษัทรับจัดงานศพ	bor-rí-sàt ráp jàt ngaan sòp
enterrement (m)	งานศพ	ngaan sòp
couronne (f)	พวงหรีด	phuang rèet
cercueil (m)	โลงศพ	lohng sòp
corbillard (m)	รถขนศพ	rót khŏn sòp
linceul (m)	ผ้าห่อศพ	phâa hòr sòp
cortège (m) funèbre	พิธีศพ	phí-tee sòp
urne (f) funéraire	โกศ	gòht
crématoire (m)	เมรุ	mayn
nécrologue (m)	ข่าวมรณกรรม	khàao mor-rá-ná-gam
pleurer (vi)	ร้องไห้	rórng hâi
sangloter (vi)	สะอื้น	sà-êun

111. La guerre. Les soldats

section (f)	หมวด	mùat
compagnie (f)	กองร้อย	gorng rói
régiment (m)	กรม	grom
armée (f)	กองทัพ	gorng tháp

division (f)	กองพล	gorng phon-la
détachement (m)	หมู่	mòo
armée (f) (Moyen Âge)	กองทัพ	gorng tháp
soldat (m) (un militaire)	ทหาร	thá-hăan
officier (m)	นายทหาร	naai thá-hăan
soldat (m) (grade)	พลทหาร	phon-thá-hăan
sergent (m)	สิบเอก	sìp àyk
lieutenant (m)	ร้อยโท	rói thoh
capitaine (m)	ร้อยเอก	rói àyk
commandant (m)	พลตรี	phon-dtree
colonel (m)	พันเอก	phan àyk
général (m)	นายพล	naai phon
marin (m)	กะลาสี	gà-laa-sĕe
capitaine (m)	กัปตัน	gàp dtan
maître (m) d'équipage	สรั่งเรือ	sà-ràng reua
artilleur (m)	ทหารปืนใหญ่	thá-hăan bpeun yài
parachutiste (m)	พลรม	phon-rôm
pilote (m)	นักบิน	nák bin
navigateur (m)	ต้นหน	dtôn hŏn
mécanicien (m)	ช่างเครื่อง	châang khrêuang
démineur (m)	ทหารช่าง	thá-hăan châang
parachutiste (m)	ทหารราบอากาศ	thá-hăan râap aa-gàat
éclaireur (m)	ทหารพราน	thá-hăan phraan
tireur (m) d'élite	พลซุ่มยิง	phon sûm ying
patrouille (f)	หน่วยลาดตระเวน	nùay lâat dtrà-wayn
patrouiller (vi)	ลาดตระเวน	lâat dtrà-wayn
sentinelle (f)	ทหารยาม	tá-hăan yaam
guerrier (m)	นักรบ	nák róp
patriote (m)	ผู้รักชาติ	phôo rák châat
héros (m)	วีรบุรุษ	wee-rá-bù-rùt
héroïne (f)	วีรสตรี	wee rá-sot dtree
traître (m)	ผู้ทรยศ	phôo thor-rá-yót
trahir (vt)	ทรยศ	thor-rá-yót
déserteur (m)	ทหารหนีทัพ	thá-hăan nĕe tháp
déserter (vt)	หนีทัพ	nĕe tháp
mercenaire (m)	ทหารรับจ้าง	thá-hăan ráp jâang
recrue (f)	เกณฑ์ทหาร	gayn thá-hăan
volontaire (m)	อาสาสมัคร	aa-săa sà-màk
mort (m)	ดูนฎกฆ่า	khon thòok khâa
blessé (m)	ผู้ได้รับบาดเจ็บ	phôo dâai ráp bàat jèp
prisonnier (m) de guerre	เชลยศึก	chá-loie sèuk

112. La guerre. Partie 1

guerre (f)	สงคราม	sŏng-khraam
faire la guerre	ทำสงคราม	tham sŏng-khraam
guerre (f) civile	สงครามกลางเมือง	sŏng-khraam glaang-meuang
perfidement (adv)	ตลบตะแลง	dtà-lòp-dtà-laeng
déclaration (f) de guerre	การประกาศสงคราม	gaan bprà-gàat sŏng-khraam
déclarer (la guerre)	ประกาศสงคราม	bprà-gàat sŏng-khraam
agression (f)	การรุกราน	gaan rúk-raan
attaquer (~ un pays)	บุกรุก	bùk rúk
envahir (vt)	บุกรุก	bùk rúk
envahisseur (m)	ผู้บุกรุก	phôo bùk rúk
conquérant (m)	ผู้ยึดครอง	phôo yéut khrorng
défense (f)	การป้องกัน	gaan bpôrng gan
défendre (vt)	ปกป้อง	bpòk bpôrng
se défendre (vp)	ป้องกัน	bpôrng gan
ennemi (m)	ศัตรู	sàt-dtroo
adversaire (m)	ข้าศึก	khâa sèuk
ennemi (adj) (territoire ~)	ศัตรู	sàt-dtroo
stratégie (f)	ยุทธศาสตร์	yút-thá-sàat
tactique (f)	ยุทธวิธี	yút-thá-wí-thee
ordre (m)	คำสั่ง	kham sàng
commande (f)	คำบัญชาการ	kham ban-chaa gaan
ordonner (vt)	สั่ง	sàng
mission (f)	ภารกิจ	phaa-rá-gìt
secret (adj)	อย่างลับ	yàang láp
bataille (f), combat (m)	การรบ	gaan róp
attaque (f)	การจู่โจม	gaan jòo johm
assaut (m)	การเข้าจู่โจม	gaan khâo jòo johm
prendre d'assaut	บุกจู่โจม	bùk jòo johm
siège (m)	การโอบล้อมโจมตี	gaan òhp lóm johm dtee
offensive (f)	การโจมตี	gaan johm dtee
passer à l'offensive	โจมตี	johm dtee
retraite (f)	การถอย	gaan thŏi
faire retraite	ถอย	thŏi
encerclement (m)	การปิดล้อม	gaan bpìt lórm
encercler (vt)	ปิดล้อม	bpìt lórm
bombardement (m)	การทิ้งระเบิด	gaan thíng rá-bèrt
lancer une bombe	ทิ้งระเบิด	thíng rá-bèrt
bombarder (vt)	ทิ้งระเบิด	thíng rá-bèrt
explosion (f)	การระเบิด	gaan rá-bèrt
coup (m) de feu	การยิง	gaan ying
tirer un coup de feu	ยิง	ying

fusillade (f)	การยิง	gaan ying
viser ... (cible)	เล็ง	leng
pointer (sur ...)	ชี้	chée
atteindre (cible)	ถูกเป้าหมาย	thòok bpâo mǎai
faire sombrer	จม	jom
trou (m) (dans un bateau)	รู	roo
sombrer (navire)	จม	jom
front (m)	แนวหน้า	naew nâa
évacuation (f)	การอพยพ	gaan òp-phá-yóp
évacuer (vt)	อพยพ	òp-phá-yóp
tranchée (f)	สนามเพลาะ	sà-nǎam phlór
barbelés (m pl)	ลวดหนาม	lûat nǎam
barrage (m) (~ antichar)	สิ่งกีดขวาง	sìng gèet-khwǎang
tour (f) de guet	หอสังเกตการณ์	hǒr sǎng-gàyt gaan
hôpital (m)	โรงพยาบาลทหาร	rohng phá-yaa-baan thá-hǎan
blesser (vt)	ทำให้บาดเจ็บ	tham hâi bàat jèp
blessure (f)	แผล	phlǎe
blessé (m)	ผู้ได้รับบาดเจ็บ	phôo dâai ráp bàat jèp
être blessé	ได้รับบาดเจ็บ	dâai ráp bàat jèp
grave (blessure)	รายแรง	ráai raeng

113. La guerre. Partie 2

captivité (f)	การเป็นเชลย	gaan bpen chá-loie
captiver (vt)	จับเชลย	jàp chá-loie
être prisonnier	เป็นเชลย	bpen chá-loie
être fait prisonnier	ถูกจับเป็นเชลย	thòok jàp bpen chá-loie
camp (m) de concentration	ค่ายกักกัน	khâai gàk gan
prisonnier (m) de guerre	เชลยศึก	chá-loie sèuk
s'enfuir (vp)	หนี	nǐe
trahir (vt)	ทรยศ	thor-rá-yót
traître (m)	ผู้ทรยศ	phôo thor-rá-yót
trahison (f)	การทรยศ	gaan thor-rá-yót
fusiller (vt)	ประหาร	bprà-hǎan
fusillade (f) (exécution)	การประหาร	gaan bprà-hǎan
équipement (m) (uniforme, etc.)	ชุดเสื้อผ้าทหาร	chút sêua phâa thá-hǎan
épaulette (f)	บั้ง	bâng
masque (m) à gaz	หน้ากากกันแก๊ส	nâa gàak gan gáet
émetteur (m) radio	วิทยุสนาม	wít-thá-yú sà-nǎam
chiffre (m) (code)	รหัส	rá-hàt
conspiration (f)	ความลับ	khwaam láp
mot (m) de passe	รหัสผ่าน	rá-hàt phàan
mine (f) terrestre	กับระเบิด	gàp rá-bèrt

miner (poser des mines)	วางกับระเบิด	waang gàp rá-bèrt
champ (m) de mines	เขตทุ่นระเบิด	khàyt thûn rá-bèrt
alerte (f) aérienne	สัญญาณเตือนภัยทางอากาศ	săn-yaan dteuan phai thaang aa-gàat
signal (m) d'alarme	สัญญาณเตือนภัย	săn-yaan dteuan phai
signal (m)	สัญญาณ	săn-yaan
fusée signal (f)	พลุสัญญาณ	phlú săn-yaan
état-major (m)	กองบัญชาการ	gorng ban-chaa gaan
reconnaissance (f)	การลาดตระเวน	gaan lâat dtrà-wayn
situation (f)	สถานการณ์	sà-thăan gaan
rapport (m)	การรายงาน	gaan raai ngaan
embuscade (f)	การซุ่มโจมตี	gaan sûm johm dtee
renfort (m)	กำลังเสริม	gam-lang sěrm
cible (f)	เป้าหมาย	bpâo măai
polygone (m)	สถานที่ทดลอง	sà-tăan thêe thót long
manœuvres (f pl)	การซ้อมรบ	gaan sórm róp
panique (f)	ความตื่นตระหนก	khwaam dtèun dtrà-nòk
dévastation (f)	การทำลายล้าง	gaan tham-laai láang
destructions (f pl) (ruines)	ซาก	sâak
détruire (vt)	ทำลาย	tham laai
survivre (vi)	รอดชีวิต	rôt chee-wít
désarmer (vt)	ปลดอาวุธ	bplòt aa-wút
manier (une arme)	ใช้	chái
Garde-à-vous! Fixe!	หยุด	yùt
Repos!	พัก	phák
exploit (m)	การแสดงความกล้าหาญ	gaan sà-daeng khwaam glâa hăan
serment (m)	คำสาบาน	kham săa-baan
jurer (de faire qch)	สาบาน	săa baan
décoration (f)	รางวัล	raang-wan
décorer (de la médaille)	มอบรางวัล	môrp raang-wan
médaille (f)	เหรียญรางวัล	rĭan raang-wan
ordre (m) (~ du Mérite)	เครื่องอิสริยาภรณ์	khrêuang ìt-sà-rí-yaa-phon
victoire (f)	ชัยชนะ	chai chá-ná
défaite (f)	ความพ่ายแพ้	khwaam phâai pháe
armistice (m)	การพักรบ	gaan phák róp
drapeau (m)	ธงรบ	thorng róp
gloire (f)	ความรุ่งโรจน์	khwaam rûng-rôht
défilé (m)	ขบวนสวนสนาม	khà-buan sŭan sà-năam
marcher (défiler)	เดินสวนสนาม	dern sŭan sà-năam

114. Les armes

arme (f)	อาวุธ	aa-wút
armes (f pl) à feu	อาวุธปืน	aa-wút bpeun

armes (f pl) blanches	อาวุธเย็น	aa-wút yen
arme (f) chimique	อาวุธเคมี	aa-wút khay-mee
nucléaire (adj)	นิวเคลียร์	niw-khlia
arme (f) nucléaire	อาวุธนิวเคลียร์	aa-wút niw-khlia
bombe (f)	ลูกระเบิด	lôok rá-bèrt
bombe (f) atomique	ลูกระเบิดปรมาณู	lôok rá-bèrt bpà-rá-maa-noo
pistolet (m)	ปืนพก	bpeun phók
fusil (m)	ปืนไรเฟิล	bpeun rai-fern
mitraillette (f)	ปืนกลมือ	bpeun gon meu
mitrailleuse (f)	ปืนกล	bpeun gon
bouche (f)	ปากประบอกปืน	bpàak bprà bòrk bpeun
canon (m)	ลำกล้อง	lam glôrng
calibre (m)	ขนาดลำกล้อง	khà-nàat lam glôrng
gâchette (f)	ไกปืน	gai bpeun
mire (f)	ศูนย์เล็ง	sŏon leng
magasin (m)	แม็กกาซีน	máek-gaa-seen
crosse (f)	พานท้ายปืน	phaan tháai bpeun
grenade (f) à main	ระเบิดมือ	rá-bèrt meu
explosif (m)	วัตถุระเบิด	wát-thù rá-bèrt
balle (f)	ลูกกระสุน	lôok grà-sŭn
cartouche (f)	ตลับกระสุน	dtà-làp grà-sŭn
charge (f)	กระสุน	grà-sŭn
munitions (f pl)	อาวุธยุทธภัณฑ์	aa-wút yút-thá-phan
bombardier (m)	เครื่องบินทิ้งระเบิด	khrêuang bin thíng rá-bèrt
avion (m) de chasse	เครื่องบินขับไล่	khrêuang bin kháp lâi
hélicoptère (m)	เฮลิคอปเตอร์	hay-lí-khôrp-dtêr
pièce (f) de D.C.A.	ปืนต่อสู้อากาศยาน	bpeun dtòr sôo aa-gàat-sà-yaan
char (m)	รถถัง	rót thăng
canon (m) d'un char	ปืนรถถัง	bpeun rót thăng
artillerie (f)	ปืนใหญ่	bpeun yài
canon (m)	ปืน	bpeun
pointer (~ l'arme)	เล็งเป้าปืน	leng bpâo bpeun
obus (m)	กระสุน	grà-sŭn
obus (m) de mortier	กระสุนปืนครก	grà-sŭn bpeun khrók
mortier (m)	ปืนครก	bpeun khrók
éclat (m) d'obus	สะเก็ดระเบิด	sà-gèt rá-bèrt
sous-marin (m)	เรือดำน้ำ	reua dam náam
torpille (f)	ตอร์ปิโด	dtor-bpì-doh
missile (m)	ขีปนาวุธ	khĕe-bpà-naa-wút
charger (arme)	ใส่กระสุน	sài grà-sŭn
tirer (vi)	ยิง	ying
viser ... (cible)	เล็ง	leng
baïonnette (f)	ดาบปลายปืน	dàap bplaai bpeun

épée (f)	เรเปียร์	ray-bpia
sabre (m)	ดาบโค้ง	dàap khóhng
lance (f)	หอก	hòrk
arc (m)	ธนู	thá-noo
flèche (f)	ลูกธนู	lôok-thá-noo
mousquet (m)	ปืนคาบศิลา	bpeun khâap sì-laa
arbalète (f)	หน้าไม้	nâa máai

115. Les hommes préhistoriques

primitif (adj)	แบบดั้งเดิม	bàep dâng derm
préhistorique (adj)	ยุคก่อนประวัติศาสตร์	yúk gòn bprà-wàt sàat
ancien (adj)	โบราณ	boh-raan
Âge (m) de pierre	ยุคหิน	yúk hǐn
Âge (m) de bronze	ยุคสำริด	yúk sǎm-rít
période (f) glaciaire	ยุคน้ำแข็ง	yúk nám khǎeng
tribu (f)	เผ่า	phào
cannibale (m)	ผู้ที่กินเนื้อคน	phôo thêe gin néua khon
chasseur (m)	นักล่าสัตว์	nák lâa sàt
chasser (vi, vt)	ล่าสัตว์	lâa sàt
mammouth (m)	ช้างแมมมอธ	cháang-maem-môt
caverne (f)	ถ้ำ	thâm
feu (m)	ไฟ	fai
feu (m) de bois	กองไฟ	gorng fai
dessin (m) rupestre	ภาพวาดในถ้ำ	phâap-wâat nai thâm
outil (m)	เครื่องมือ	khrêuang meu
lance (f)	หอก	hòrk
hache (f) en pierre	ขวานหิน	khwǎan hǐn
faire la guerre	ทำสงคราม	tham sǒng-khraam
domestiquer (vt)	เชื่อง	chêuang
idole (f)	เทวรูป	theu-rôop
adorer, vénérer (vt)	บูชา	boo-chaa
superstition (f)	ความเชื่องมงาย	khwaam chêua ngom-ngaai
rite (m)	พิธีกรรม	phí-thee gam
évolution (f)	วิวัฒนาการ	wí-wát-thá-naa-gaan
développement (m)	การพัฒนา	gaan phát-thá-naa
disparition (f)	การสูญพันธุ์	gaan sǒon phan
s'adapter (vp)	ปรับตัว	bpràp dtua
archéologie (f)	โบราณคดี	boh-raan khá-dee
archéologue (m)	นักโบราณคดี	nák boh-raan-ná-khá-dee
archéologique (adj)	ทางโบราณคดี	thaang boh-raan khá-dee
site (m) d'excavation	แหล่งขุดค้น	làeng khùt khón
fouilles (f pl)	การขุดค้น	gaan khùt khón
trouvaille (f)	สิ่งที่ค้นพบ	sìng thêe khón phóp
fragment (m)	เศษชิ้นส่วน	sàyt chín sùan

116. Le Moyen Âge

peuple (m)	ชาติพันธุ์	châat-dtì-phan
peuples (m pl)	ชาติพันธุ์	châat-dtì-phan
tribu (f)	เผ่า	phào
tribus (f pl)	เผ่า	phào

Barbares (m pl)	อนารยชน	à-naa-rá-yá-chon
Gaulois (m pl)	ชาวโกล	chaao gloh
Goths (m pl)	ชาวกอธ	chaao gòt
Slaves (m pl)	ชาวสลาฟ	chaao sà-làaf
Vikings (m pl)	ชาวไวกิ้ง	chaao wai-gîng

Romains (m pl)	ชาวโรมัน	chaao roh-man
romain (adj)	โรมัน	roh-man

byzantins (m pl)	ชาวไบแซนไทน์	chaao bai-saen-tpai
Byzance (f)	ไบแซนเทียม	bai-saen-thiam
byzantin (adj)	ไบแซนไทน	bai-saen-thai

empereur (m)	จักรพรรดิ	jàk-grà-phát
chef (m)	ผู้นำ	phôo nam
puissant (adj)	ทรงพลัง	song phá-lang
roi (m)	มูหากษัตริย์	má-hăa gà-sàt
gouverneur (m)	ผู้ปกครอง	phôo bpòk khrorng

chevalier (m)	อัศวิน	àt-sà-win
féodal (m)	เจ้าครองนคร	jâo khrorng ná-khon
féodal (adj)	ระบบศักดินา	rá-bòp sàk-gà-dì naa
vassal (m)	เจ้าของที่ดิน	jâo khŏrng thêe din

duc (m)	ดยุค	dà-yúk
comte (m)	เอิร์ล	ern
baron (m)	บารอน	baa-rorn
évêque (m)	พระบิชอป	phrá bì-chôp

armure (f)	เกราะ	gròr
bouclier (m)	โล่	lôh
glaive (m)	ดาบ	dàap
visière (f)	กะบังหน้าของหมวก	gà-bang nâa khŏrng mùak
cotte (f) de mailles	เสื้อเกราะถัก	sêua gròr thàk

croisade (f)	สงครามครูเสด	sŏng-khraam khroo-sàyt
croisé (m)	ผู้ทำสงคราม ศาสนา	phôo tham sŏng-kraam sàat-sà-năa

territoire (m)	อาณาเขต	aa-naa khàyt
attaquer (~ un pays)	โจมตี	johm dtee
conquérir (vt)	ยึดครอง	yéut khrorng
occuper (envahir)	บุกยึด	bùk yéut

siège (m)	การโอบล้อมโจมตี	gaan òhp lóm johm dtee
assiégé (adj)	ถูกล้อมกรอบ	thòok lóm gròp
assiéger (vt)	ล้อมโจมตี	lóm johm dtee
inquisition (f)	การไต่สวน	gaan dtài sŭan

inquisiteur (m)	ผู้ไต่สวน	phôo dtài sŭan
torture (f)	การทูรมาน	gaan thor-rá-maan
cruel (adj)	โหดร้าย	hòht ráai
hérétique (m)	ผู้นอกรีต	phôo nôrk rêet
hérésie (f)	ความนอกรีต	khwaam nôrk rêet
navigation (f) en mer	การเดินเรือทะเล	gaan dern reua thá-lay
pirate (m)	โจรสลัด	john sà-làt
piraterie (f)	การปล้นสะดมในน่านน้ำทะเล	gaan bplôn-sà-dom nai nâan náam thá-lay
abordage (m)	การบุกขึ้นเรือ	gaan bùk khêun reua
butin (m)	ของที่ปล้นสะดมมา	khŏrng têe bplôn-sà-dom maa
trésor (m)	สมบัติ	sŏm-bàt
découverte (f)	การค้นพบ	gaan khón phóp
découvrir (vt)	ค้นพบ	khón phóp
expédition (f)	การสำรวจ	gaan săm-rùat
mousquetaire (m)	ทหารถือปืนคาบศิลา	thá-hăan thĕu bpeun khâap sì-laa
cardinal (m)	พระคาร์ดินัล	phrá khaa-dì-nan
héraldique (f)	มุทราศาสตร์	mút-raa sàat
héraldique (adj)	ทางมุทราศาสตร์	thaang mút-raa sàat

117. Les dirigeants. Les responsables. Les autorités

roi (m)	ราชา	raa-chaa
reine (f)	ราชินี	raa-chí-nee
royal (adj)	เกี่ยวกับราชวงศ์	gìeow gàp râat-cha-wong
royaume (m)	ราชอาณาจักร	râat aa-naa jàk
prince (m)	เจ้าชาย	jâo chaai
princesse (f)	เจ้าหญิง	jâo yĭng
président (m)	ประธานาธิบดี	bprà-thaa-naa-thí-bor-dee
vice-président (m)	รองประธานาธิบดี	rorng bprà-thaa-naa-thí-bor-dee
sénateur (m)	สมาชิกวุฒิสภา	sà-maa-chík wút-thí sà-phaa
monarque (m)	กษัตริย์	gà-sàt
gouverneur (m)	ผู้ปกครอง	phôo bpòk khrorng
dictateur (m)	เผด็จการ	phà-dèt gaan
tyran (m)	ทูรราช	thor-rá-râat
magnat (m)	ผู้มีอิทธิพลสูง	phôo mee ìt-thí phon sŏong
directeur (m)	ผู้อำนวยการ	phôo am-nuay gaan
chef (m)	หัวหน้า	hŭa-nâa
gérant (m)	ผู้จัดการ	phôo jàt gaan
boss (m)	หัวหน้า	hŭa-nâa
patron (m)	เจ้าของ	jâo khŏrng
leader (m)	ผู้นำ	phôo nam
chef (m) (~ d'une délégation)	หัวหน้า	hŭa-nâa

autorités (f pl)	เจ้าหน้าที่	jâo nâa-thêe
supérieurs (m pl)	ผู้บังคับบัญชา	phôo bang-kháp ban-chaa

gouverneur (m)	ผู้ว่าการ	phôo wâa gaan
consul (m)	กงสุล	gong-sǔn
diplomate (m)	นักการทูต	nák gaan thôot
maire (m)	นายกเทศมนตรี	naa-yók thâyt-sà-mon-dtree
shérif (m)	นายอำเภอ	naai am-pher

empereur (m)	จักรพรรดิ	jàk-grà-phát
tsar (m)	ซาร์	saa
pharaon (m)	ฟาโรห์	faa-roh
khan (m)	ขาน	khàan

118. Les crimes. Les criminels. Partie 1

bandit (m)	โจร	john
crime (m)	อาชญากรรม	àat-yaa-gam
criminel (m)	อาชญากร	àat-yaa-gon

voleur (m)	ขโมย	khà-moi
voler (qch à qn)	ขโมย	khà-moi
vol (m) (activité)	การลักขโมย	gaan lák khà-moi
vol (m) (~ à la tire)	การลักทรัพย์	gaan lák sáp

kidnapper (vt)	ลักพาตัว	lák phaa dtua
kidnapping (m)	การลักพาตัว	gaan lák phaa dtua
kidnappeur (m)	ผู้ลักพาตัว	phôo lák phaa dtua

rançon (f)	ค่าไถ่	khâa thài
exiger une rançon	เรียกเงินค่าไถ่	rîak ngern khâa thài

cambrioler (vt)	ปล้น	bplôn
cambriolage (m)	การปล้น	gaan bplôn
cambrioleur (m)	ขโมยขโจร	khà-moi khà-john

extorquer (vt)	รีดไถ	rêet thǎi
extorqueur (m)	ผู้รีดไถ	phôo rêet thǎi
extorsion (f)	การรีดไถ	gaan rêet thǎi

tuer (vt)	ฆ่า	khâa
meurtre (m)	ฆาตกรรม	khâat-dtà-gaam
meurtrier (m)	ฆาตกร	khâat-dtà-gon

coup (m) de feu	การยิงปืน	gaan ying bpeun
tirer un coup de feu	ยิง	ying
abattre (par balle)	ยิงให้ตาย	ying hâi dtaai
tirer (vi)	ยิง	ying
coups (m pl) de feu	การยิง	gaan ying

incident (m)	เหตุการณ์	hàyt gaan
bagarre (f)	การต่อสู้	gaan dtòr sôo
Au secours!	ขอช่วย	khǒr chûay
victime (f)	เหยื่อ	yèua

endommager (vt)	ทำความเสียหาย	tham khwaam sǐa hǎai
dommage (m)	ความเสียหาย	khwaam sǐa hǎai
cadavre (m)	ศพ	sòp
grave (~ crime)	รายแรง	ráai raeng

attaquer (vt)	จู่โจม	jòo johm
battre (frapper)	ตี	dtee
passer à tabac	ซ้อม	sórm
prendre (voler)	ปล้น	bplôn
poignarder (vt)	แทงให้ตาย	thaeng hâi dtaai
mutiler (vt)	ทำให้บาดเจ็บสาหัส	tham hâi bàat jèp sǎa hàt
blesser (vt)	บาด	bàat

chantage (m)	การกรรโชก	gaan-gan-chôhk
faire chanter	กรรโชก	gan-chôhk
maître (m) chanteur	ผู้กรรโชก	phôo khòo gan-chôhk

racket (m) de protection	การคุมครอง ผิดกฎหมาย	gaan khum khrorng phìt gòt mǎai
racketteur (m)	ผู้ที่หาเงิน จากกิจกรรมที่ ผิดกฎหมาย	phôo thêe hǎa ngern jàak gìt-jà-gam thêe phìt gòt mǎai
gangster (m)	เหล่าร้าย	lào ráai
mafia (f)	มาเฟีย	maa-fia

pickpocket (m)	ขโมยล้วงกระเป๋า	khà-moi lúang grà-bpǎo
cambrioleur (m)	ขโมยย่องเบา	khà-moi yông bao
contrebande (f) (trafic)	การลักลอบ	gaan lák-lôrp
contrebandier (m)	ผู้ลักลอบ	phôo lák lôrp

contrefaçon (f)	การปลอมแปลง	gaan bplorm bplaeng
falsifier (vt)	ปลอมแปลง	bplorm bplaeng
faux (falsifié)	ปลอม	bplorm

119. Les crimes. Les criminels. Partie 2

viol (m)	การข่มขืน	gaan khòm khěun
violer (vt)	ข่มขืน	khòm khěun
violeur (m)	โจรข่มขืน	john khòm khěun
maniaque (m)	คนบ้า	khon bâa

prostituée (f)	โสเภณี	sǒh-phay-nee
prostitution (f)	การค้าประเวณี	gaan kháa bprà-way-nee
souteneur (m)	แมงดา	maeng-daa

drogué (m)	ผู้ติดยาเสพติด	phôo dtìt yaa-sàyp-dtìt
trafiquant (m) de drogue	พ่อค้ายาเสพติด	phôr kháa yaa-sàyp-dtìt

faire exploser	ระเบิด	rá-bèrt
explosion (f)	การระเบิด	gaan rá-bèrt
mettre feu	เผา	phǎo
incendiaire (m)	ผู้ลอบวางเพลิง	phôo lôp waang phlerng
terrorisme (m)	การก่อการร้าย	gaan gòr gaan ráai
terroriste (m)	ผู้ก่อการร้าย	phôo gòr gaan ráai

otage (m)	ตัวประกัน	dtua bprà-gan
escroquer (vt)	ลอลวง	lôr luang
escroquerie (f)	การลอลวง	gaan lôr luang
escroc (m)	นักตมตุน	nák dtôm dtŭn
soudoyer (vt)	ติดสินบน	dtìt sĭn-bon
corruption (f)	การติดสินบน	gaan dtìt sĭn-bon
pot-de-vin (m)	สินบน	sĭn bon
poison (m)	ยาพิษ	yaa phít
empoisonner (vt)	วางยาพิษ	waang-yaa phít
s'empoisonner (vp)	กินยาตาย	gin yaa dtaai
suicide (m)	การฆ่าตัวตาย	gaan khâa dtua dtaai
suicidé (m)	ผู้ฆ่าตัวตาย	phôo khâa dtua dtaai
menacer (vt)	ขู่	khòo
menace (f)	คำขู่	kham khòo
attenter (vt)	พยายามฆ่า	phá-yaa-yaam khâa
attentat (m)	การพยายามฆ่า	gaan phá-yaa-yaam khâa
voler (un auto)	จี้	jêe
détourner (un avion)	จี้	jêe
vengeance (f)	การแก้แค้น	gaan gâe kháen
se venger (vp)	แก้แค้น	gâe kháen
torturer (vt)	ทรมาน	thon-maan
torture (f)	การทรมาน	gaan thor-rá-maan
tourmenter (vt)	ทำทารุณ	tam taa-run
pirate (m)	โจรสลัด	john sà-làt
voyou (m)	นักเลง	nák-layng
armé (adj)	มีอาวุธ	mee aa-wút
violence (f)	ความรุนแรง	khwaam run raeng
illégal (adj)	ผิดกฎหมาย	phìt gòt măai
espionnage (m)	จารกรรม	jaa-rá-gam
espionner (vt)	ลวงความลับ	lúang khwaam láp

120. La police. La justice. Partie 1

justice (f)	ยุติธรรม	yút-dtì-tham
tribunal (m)	ศาล	săan
juge (m)	ผู้พิพากษา	phôo phí-phâak-săa
jury (m)	ลูกขุน	lôok khŭn
cour (f) d'assises	การไต่สวนคดีแบบมีลูกขุน	gaan dtài sŭan khá-dee bàep mee lôok khŭn
juger (vt)	พิพากษา	phí-phâak-săa
avocat (m)	ทนายความ	thá-naai khwaam
accusé (m)	จำเลย	jam loie
banc (m) des accusés	คอกจำเลย	khôrk jam loie

inculpation (f)	ข้อกล่าวหา	khôr glàao hăa
inculpé (m)	ถูกกล่าวหา	thòok glàao hăa
condamnation (f)	การลงโทษ	gaan long thôht
condamner (vt)	พิพากษา	phí-phâak-săa
coupable (m)	ผู้กระทำความผิด	phôo grà-tham khwaam phìt
punir (vt)	ลงโทษ	long thôht
punition (f)	การลงโทษ	gaan long thôht
amende (f)	ปรับ	bpràp
détention (f) à vie	การจำคุก ตลอดชีวิต	gaan jam khúk dtà-lòt chee-wít
peine (f) de mort	โทษประหาร	thôht-bprà-hăan
chaise (f) électrique	เก้าอี้ไฟฟ้า	gâo-êe fai-fáa
potence (f)	ตะแลงแกง	dtà-laeng-gaeng
exécuter (vt)	ประหาร	bprà-hăan
exécution (f)	การประหาร	gaan bprà-hăan
prison (f)	คุก	khúk
cellule (f)	ห้องขัง	hôrng khăng
escorte (f)	ผู้ควบคุมตัว	phôo khûap khum dtua
gardien (m) de prison	ผู้คุม	phôo khum
prisonnier (m)	นักโทษ	nák thôht
menottes (f pl)	กุญแจมือ	gun-jae meu
mettre les menottes	ใส่กุญแจมือ	sài gun-jae meu
évasion (f)	การแหกคุก	gaan hàek khúk
s'évader (vp)	แหก	hàek
disparaître (vi)	หายตัวไป	hăai dtua bpai
libérer (vt)	ถูกปล่อยตัว	thòok bplòi dtua
amnistie (f)	การนิรโทษกรรม	gaan ní-rá-thôht gam
police (f)	ตำรวจ	dtam-rùat
policier (m)	เจ้าหน้าที่ตำรวจ	jâo nâa-thêe dtam-rùat
commissariat (m) de police	สถานีตำรวจ	sà-thăa-nee dtam-rùat
matraque (f)	กระบองตำรวจ	grà-bong dtam-rùat
haut parleur (m)	โทรโข่ง	toh-ra -khòhng
voiture (f) de patrouille	รถลาดตระเวน	rót lâat dtrà-wayn
sirène (f)	หวอ	wŏr
enclencher la sirène	เปิดหวอ	bpèrt wŏr
hurlement (m) de la sirène	เสียงหวอ	sĭang wŏr
lieu (m) du crime	ที่เกิดเหตุ	thêe gèrt hàyt
témoin (m)	พยาน	phá-yaan
liberté (f)	อิสระ	ìt-sà-rà
complice (m)	ผู้ร่วมกระทำผิด	phôo rûam grà-tham phìt
s'enfuir (vp)	หนี	nĕe
trace (f)	ร่องรอย	rông roi

121. La police. La justice. Partie 2

recherche (f)	การสืบสวน	gaan sèup sŭan
rechercher (vt)	หาตัว	hăa dtua
suspicion (f)	ความสงสัย	khwaam sŏng-săi
suspect (adj)	น่าสงสัย	nâa sŏng-săi
arrêter (dans la rue)	เรียกให้หยุด	rîak hâi yùt
détenir (vt)	กักตัว	gàk dtua
affaire (f) (~ pénale)	คดี	khá-dee
enquête (f)	การสืบสวน	gaan sèup sŭan
détective (m)	นักสืบ	nák sèup
enquêteur (m)	นักสอบสวน	nák sòrp sŭan
hypothèse (f)	สันนิษฐาน	săn-nít-thăan
motif (m)	เหตุจูงใจ	hàyt joong jai
interrogatoire (m)	การสอบปากคำ	gaan sòp bpàak kham
interroger (vt)	สอบสวน	sòrp sŭan
interroger (~ les voisins)	ไถ่ถาม	thài thăam
inspection (f)	การตรวจสอบ	gaan dtrùat sòp
rafle (f)	การรวบตัว	gaan rûap dtua
perquisition (f)	การตรวจค้น	gaan dtrùat khón
poursuite (f)	การไล่ล่า	gaan lâi lâa
poursuivre (vt)	ไล่ล่า	lâi lâa
dépister (vt)	สืบ	sèup
arrestation (f)	การจับกุม	gaan jàp gum
arrêter (vt)	จับกุม	jàp gum
attraper (~ un criminel)	จับ	jàp
capture (f)	การจับ	gaan jàp
document (m)	เอกสาร	àyk săan
preuve (f)	หลักฐาน	làk thăan
prouver (vt)	พิสูจน์	phí-sòot
empreinte (f) de pied	รอยเท้า	roi tháo
empreintes (f pl) digitales	รอยนิ้วมือ	roi níw meu
élément (m) de preuve	หลักฐาน	làk thăan
alibi (m)	ข้อแก้ตัว	khôr gâe dtua
innocent (non coupable)	พ้นผิด	phón phìt
injustice (f)	ความอยุติธรรม	khwaam a-yút-dtì-tam
injuste (adj)	ไม่เป็นธรรม	mâi bpen-tham
criminel (adj)	อาชญากร	àat-yaa-gon
confisquer (vt)	ยึด	yéut
drogue (f)	ยาเสพติด	yaa sàyp dtìt
arme (f)	อาวุธ	aa-wút
désarmer (vt)	ปลดอาวุธ	bplòt aa-wút
ordonner (vt)	ออกคำสั่ง	òrk kham sàng
disparaître (vi)	หายตัวไป	hăai dtua bpai
loi (f)	กฎหมาย	gòt măai
légal (adj)	ตามกฎหมาย	dtaam gòt măai
illégal (adj)	ผิดกฎหมาย	phìt gòt măai

responsabilité (f)	ความรับผิดชอบ	khwaam ráp phìt chôp
responsable (adj)	รับผิดชอบ	ráp phìt chôp

LA NATURE

La Terre. Partie 1

122. L'espace cosmique

cosmos (m)	อวกาศ	a-wá-gàat
cosmique (adj)	ทางอวกาศ	thang a-wá-gàat
espace (m) cosmique	อวกาศ	a-wá-gàat
monde (m)	โลก	lôhk
univers (m)	จักรวาล	jàk-grà-waan
galaxie (f)	ดาราจักร	daa-raa jàk
étoile (f)	ดาว	daao
constellation (f)	กลุ่มดาว	glùm daao
planète (f)	ดาวเคราะห์	daao khrór
satellite (m)	ดาวเทียม	daao thiam
météorite (m)	ดาวตก	daao dtòk
comète (f)	ดาวหาง	daao hăang
astéroïde (m)	ดาวเคราะห์น้อย	daao khrór nói
orbite (f)	วงโคจร	wong khoh-jon
tourner (vi)	เวียน	wian
atmosphère (f)	บรรยากาศ	ban-yaa-gàat
Soleil (m)	ดวงอาทิตย์	duang aa-thít
système (m) solaire	ระบบสุริยะ	rá-bòp sù-rí-yá
éclipse (f) de soleil	สุริยุปราคา	sù-rí-yú-bpà-raa-kaa
Terre (f)	โลก	lôhk
Lune (f)	ดวงจันทร์	duang jan
Mars (m)	ดาวอังคาร	daao ang-khaan
Vénus (f)	ดาวศุกร์	daao sùk
Jupiter (m)	ดาวพฤหัส	daao phá-réu-hàt
Saturne (m)	ดาวเสาร์	daao săo
Mercure (m)	ดาวพุธ	daao phút
Uranus (m)	ดาวยูเรนัส	daao-yoo-ray-nát
Neptune	ดาวเนปจูน	daao-nâyp-joon
Pluton (m)	ดาวพลูโต	daao phloo-dtoh
la Voie Lactée	ทางช้างเผือก	thaang cháang phèuak
la Grande Ours	กลุ่มดาวหมีใหญ่	glùm daao mĕe yài
la Polaire	ดาวเหนือ	daao nĕua
martien (m)	ชาวดาวอังคาร	chaao daao ang-khaan
extraterrestre (m)	มนุษย์ต่างดาว	má-nút dtàang daao

alien (m)	มนุษย์ต่างดาว	má-nút dtàang daao
soucoupe (f) volante	จานบิน	jaan bin
vaisseau (m) spatial	ยานอวกาศ	yaan a-wá-gàat
station (f) orbitale	สถานีอวกาศ	sà-thăa-nee a-wá-gàat
lancement (m)	การปล่อยจรวด	gaan bplòi jà-rùat
moteur (m)	เครื่องยนต์	khrêuang yon
tuyère (f)	ท่อไอพ่น	thôr ai phôn
carburant (m)	เชื้อเพลิง	chéua phlerng
cabine (f)	ที่นั่งคนขับ	thêe nâng khon khàp
antenne (f)	เสาอากาศ	săo aa-gàat
hublot (m)	ช่อง	chôrng
batterie (f) solaire	อุปกรณ์พลังงานแสงอาทิตย์	ù-bpà-gon phá-lang ngaan săeng aa-thít
scaphandre (m)	ชุดอวกาศ	chút a-wá-gàat
apesanteur (f)	สภาพไร้น้ำหนัก	sà-phâap rái nám nàk
oxygène (m)	อ็อกซิเจน	ók sí jayn
arrimage (m)	การเทียบท่า	gaan thîap thâa
s'arrimer à …	เทียบทา	thîap thâa
observatoire (m)	หอดูดาว	hŏr doo daao
télescope (m)	กล้องโทรทรรศน์	glôrng thoh-rá-thát
observer (vt)	เฝ้าสังเกต	fâo săng-gàyt
explorer (un cosmos)	สำรวจ	săm-rùat

123. La Terre

Terre (f)	โลก	lôhk
globe (m) terrestre	ลูกโลก	lôok lôhk
planète (f)	ดาวเคราะห์	daao khrór
atmosphère (f)	บรรยากาศ	ban-yaa-gàat
géographie (f)	ภูมิศาสตร์	phoo-mí-sàat
nature (f)	ธรรมชาติ	tham-má-châat
globe (m) de table	ลูกโลก	lôok lôhk
carte (f)	แผนที่	phăen thêe
atlas (m)	หนังสือแผนที่โลก	năng-sĕu phăen thêe lôhk
Europe (f)	ยุโรป	yú-ròhp
Asie (f)	เอเชีย	ay-chia
Afrique (f)	แอฟริกา	àef-rí-gaa
Australie (f)	ออสเตรเลีย	òrt-dtray-lia
Amérique (f)	อเมริกา	a-may-rí-gaa
Amérique (f) du Nord	อเมริกาเหนือ	a-may-rí-gaa nĕua
Amérique (f) du Sud	อเมริกาใต้	a-may-rí-gaa dtâi
l'Antarctique (m)	แอนตาร์กติกา	aen-dtàak-dtì-gaa
l'Arctique (m)	อาร์กติก	àak-dtìk

124. Les quatre parties du monde

nord (m)	เหนือ	nĕua
vers le nord	ทิศเหนือ	thít nĕua
au nord	ที่ภาคเหนือ	thêe phâak nĕua
du nord (adj)	ทางเหนือ	thaang nĕua
sud (m)	ใต้	dtâi
vers le sud	ทิศใต้	thít dtâi
au sud	ที่ภาคใต้	thêe phâak dtâi
du sud (adj)	ทางใต้	thaang dtâi
ouest (m)	ตะวันตก	dtà-wan dtòk
vers l'occident	ทิศตะวันตก	thít dtà-wan dtòk
à l'occident	ที่ภาคตะวันตก	thêe phâak dtà-wan dtòk
occidental (adj)	ทางตะวันตก	thaang dtà-wan dtòk
est (m)	ตะวันออก	dtà-wan òrk
vers l'orient	ทิศตะวันออก	thít dtà-wan òrk
à l'orient	ที่ภาคตะวันออก	thêe phâak dtà-wan òrk
oriental (adj)	ทางตะวันออก	thaang dtà-wan òrk

125. Les océans et les mers

mer (f)	ทะเล	thá-lay
océan (m)	มหาสมุทร	má-hăa sà-mùt
golfe (m)	อ่าว	àao
détroit (m)	ช่องแคบ	chôrng khâep
terre (f) ferme	พื้นดิน	phéun din
continent (m)	ทวีป	thá-wêep
île (f)	เกาะ	gòr
presqu'île (f)	คาบสมุทร	khâap sà-mùt
archipel (m)	หมู่เกาะ	mòo gòr
baie (f)	อ่าว	àao
port (m)	ท่าเรือ	thâa reua
lagune (f)	ลากูน	laa-goon
cap (m)	แหลม	lăem
atoll (m)	อะทอลล์	à-thorn
récif (m)	แนวปะการัง	naew bpà-gaa-rang
corail (m)	ปะการัง	bpà gaa-rang
récif (m) de corail	แนวปะการัง	naew bpà-gaa-rang
profond (adj)	ลึก	léuk
profondeur (f)	ความลึก	khwaam léuk
abîme (m)	หุบเหวลึก	hùp wăy léuk
fosse (f) océanique	ร่องลึกก้นสมุทร	rông léuk gôn sà-mùt
courant (m)	กระแสน้ำ	grà-săe náam
baigner (vt) (mer)	ล้อมรอบ	lórm rôrp

littoral (m)	ชายฝั่ง	chaai fàng
côte (f)	ชายฝั่ง	chaai fàng
marée (f) haute	น้ำขึ้น	náam khêun
marée (f) basse	น้ำลง	náam long
banc (m) de sable	หาดตื้น	hàat dtêun
fond (m)	กันทะเล	gôn thá-lay
vague (f)	คลื่น	khlêun
crête (f) de la vague	มวนคลื่น	múan khlêun
mousse (f)	ฟองคลื่น	forng khlêun
tempête (f) en mer	พายุ	phaa-yú
ouragan (m)	พายุเฮอร์ริเคน	phaa-yú her-rí-khayn
tsunami (m)	คลื่นยักษ์	khlêun yák
calme (m)	ภาวะไร้ลมพัด	phaa-wá rái lom phát
calme (tranquille)	สงบ	sà-ngòp
pôle (m)	ขั้วโลก	khûa lôhk
polaire (adj)	ขั้วโลก	khûa lôhk
latitude (f)	เส้นรุ้ง	sên rúng
longitude (f)	เส้นแวง	sên waeng
parallèle (f)	เส้นขนาน	sên khà-nǎan
équateur (m)	เส้นศูนย์สูตร	sên sǒon sòot
ciel (m)	ท้องฟ้า	thórng fáa
horizon (m)	ขอบฟ้า	khòrp fáa
air (m)	อากาศ	aa-gàat
phare (m)	ประภาคาร	bprà-phaa-khaan
plonger (vi)	ดำ	dam
sombrer (vi)	จม	jom
trésor (m)	สมบัติ	sǒm-bàt

126. Les noms des mers et des océans

océan (m) Atlantique	มหาสมุทรแอตแลนติก	má-hǎa sà-mùt àet-laen-dtìk
océan (m) Indien	มหาสมุทรอินเดีย	má-hǎa sà-mùt in-dia
océan (m) Pacifique	มหาสมุทรแปซิฟิก	má-hǎa sà-mùt bpae-sí-fík
océan (m) Glacial	มหาสมุทรอาร์คติก	má-hǎa sà-mùt aa-ká-dtìk
mer (f) Noire	ทะเลดำ	thá-lay dam
mer (f) Rouge	ทะเลแดง	thá-lay daeng
mer (f) Jaune	ทะเลเหลือง	thá-lay lěuang
mer (f) Blanche	ทะเลขาว	thá-lay khǎao
mer (f) Caspienne	ทะเลแคสเปียน	thá-lay khâet-bpian
mer (f) Morte	ทะเลเดดซี	thá-lay dàyt-see
mer (f) Méditerranée	ทะเลเมดิเตอร์เรเนียน	thá-lay may-dì-dtêr-ray-nian
mer (f) Égée	ทะเลเอเจี้ยน	thá-lay ay-jîan
mer (f) Adriatique	ทะเลเอเดรียติก	thá-lay ay-day-ree-yá-dtìk
mer (f) Arabique	ทะเลอาหรับ	thá-lay aa-ràp

mer (f) du Japon	ทะเลญี่ปุ่น	thá-lay yêe-bpùn
mer (f) de Béring	ทะเลเบริง	thá-lay bae-rîng
mer (f) de Chine Méridionale	ทะเลจีนใต้	thá-lay jeen-dtâi
mer (f) de Corail	ทะเลคอรัล	thá-lay khor-ran
mer (f) de Tasman	ทะเลแทสมัน	thá-lay thâet man
mer (f) Caraïbe	ทะเลแคริบเบียน	thá-lay khae-ríp-bian
mer (f) de Barents	ทะเลบาเรนท์	thá-lay baa-rayn
mer (f) de Kara	ทะเลคารา	thá-lay khaa-raa
mer (f) du Nord	ทะเลเหนือ	thá-lay nĕua
mer (f) Baltique	ทะเลบอลติก	thá-lay bon-dtìk
mer (f) de Norvège	ทะเลนอรเวย์	thá-lay nor-rá-way

127. Les montagnes

montagne (f)	ภูเขา	phoo khăo
chaîne (f) de montagnes	ทิวเขา	thiw khăo
crête (f)	สันเขา	săn khăo
sommet (m)	ยอดเขา	yôrt khăo
pic (m)	ยอด	yôrt
pied (m)	ตีนเขา	dteun khăo
pente (f)	ไหล่เขา	lài khăo
volcan (m)	ภูเขาไฟ	phoo khăo fai
volcan (m) actif	ภูเขาไฟมีพลัง	phoo khăo fai mee phá-lang
volcan (m) éteint	ภูเขาไฟที่ดับแล้ว	phoo khăo fai thêe dàp láew
éruption (f)	ภูเขาไฟระเบิด	phoo khăo fai rá-bèrt
cratère (m)	ปล่องภูเขาไฟ	bplòng phoo khăo fai
magma (m)	หินหนืด	hĭn nèut
lave (f)	ลาวา	laa-waa
en fusion (lave ~)	หลอมเหลว	lŏrm lĕo
canyon (m)	หุบเขาลึก	hùp khăo léuk
défilé (m) (gorge)	ซองเขา	chôrng khăo
crevasse (f)	รอยแตกภูเขา	roi dtàek phoo khăo
précipice (m)	หุบเหวลึก	hùp wăy léuk
col (m) de montagne	ทางผ่าน	thaang phàan
plateau (m)	ที่ราบสูง	thêe râap sŏong
rocher (m)	หน้าผา	nâa phăa
colline (f)	เนินเขา	nern khăo
glacier (m)	ธารน้ำแข็ง	thaan náam khăeng
chute (f) d'eau	น้ำตก	nám dtòk
geyser (m)	น้ำพุร้อน	nám phú rórn
lac (m)	ทะเลสาบ	thá-lay sàap
plaine (f)	ที่ราบ	thêe râap
paysage (m)	ภูมิทัศน์	phoom thát
écho (m)	เสียงสะท้อน	sĭang sà-thón

alpiniste (m)	นักปีนเขา	nák bpeen khǎo
varappeur (m)	นักไต่เขา	nák dtài khǎo
conquérir (vt)	ไต่เขาถึงยอด	dtài khǎo thěung yôt
ascension (f)	การปีนเขา	gaan bpeen khǎo

128. Les noms des chaînes de montagne

Alpes (f pl)	เทือกเขาแอลป์	thêuak-khǎo-aen
Mont Blanc (m)	ยอดเขามงบล็อง	yôt khǎo mong-bà-lǒng
Pyrénées (f pl)	เทือกเขาไพรีนีส	thêuak khǎo pai-ree-nêet
Carpates (f pl)	เทือกเขาคาร์เพเทียน	thêuak khǎo khaa-phay-thian
Monts Oural (m pl)	เทือกเขายูรัล	thêuak khǎo yoo-ran
Caucase (m)	เทือกเขาคอเคซัส	thêuak khǎo khor-khay-sát
Elbrous (m)	ยอดเขาเอลบรุส	yôt khǎo ayn-brùt
Altaï (m)	เทือกเขาอัลไต	thêuak khǎo an-dtai
Tian Chan (m)	เทือกเขาเทียนชวน	thêuak khǎo thian-chaan
Pamir (m)	เทือกเขาพาเมียร์	thêuak khǎo paa-mia
Himalaya (m)	เทือกเขาหิมาลัย	thêuak khǎo hì-maa-lai
Everest (m)	ยอดเขาเอเวอเรสต์	yôt khǎo ay-wer-râyt
Andes (f pl)	เทือกเขาแอนดีส	thêuak-khǎo-aen-dèet
Kilimandjaro (m)	ยอดเขาคิลิมันจาโร	yôt khǎo khí-lí-man-jaa-roh

129. Les fleuves

rivière (f), fleuve (m)	แม่น้ำ	mâe náam
source (f)	แหล่งน้ำแร่	làeng náam râe
lit (m) (d'une rivière)	เส้นทางแม่น้ำ	sên thaang mâe náam
bassin (m)	ลุ่มน้ำ	lûm náam
se jeter dans ...	ไหลไปสู่...	lǎi bpai sòo...
affluent (m)	สาขา	sǎa-khǎa
rive (f)	ฝั่งแม่น้ำ	fàng mâe náam
courant (m)	กระแสน้ำ	grà-sǎe náam
en aval	ตามกระแสน้ำ	dtaam grà-sǎe náam
en amont	ทวนน้ำ	thuan náam
inondation (f)	น้ำท่วม	nám thûam
les grandes crues	น้ำทวม	nám thûam
déborder (vt)	เอ่อล้น	èr lón
inonder (vt)	ท่วม	thûam
bas-fond (m)	บริเวณน้ำตื้น	bor-rí-wayn nám dtêun
rapide (m)	กระแสน้ำเชี่ยว	grà-sǎe nám-chîeow
barrage (m)	เขื่อน	khèuan
canal (m)	คลอง	khlorng
lac (m) de barrage	ที่เก็บกักน้ำ	thêe gèp gàk náam
écluse (f)	ประตูระบายน้ำ	bprà-dtoo rá-baai náam

plan (m) d'eau	พื้นน้ำ	phéun náam
marais (m)	บึง	beung
fondrière (f)	ห้วย	hûay
tourbillon (m)	น้ำวน	nám won
ruisseau (m)	ลำธาร	lam thaan
potable (adj)	น้ำดื่มได้	nám dèum dâai
douce (l'eau ~)	น้ำจืด	nám jèut
glace (f)	น้ำแข็ง	nám khǎeng
être gelé	แชแข็ง	châe khǎeng

130. Les noms des fleuves

Seine (f)	แม่น้ำเซน	mâe náam sayn
Loire (f)	แม่น้ำลัวร์	mâe-náam lua
Tamise (f)	แม่น้ำเทมส์	mâe-náam them
Rhin (m)	แม่น้ำไรน์	mâe-náam rai
Danube (m)	แม่น้ำดานูบ	mâe-náam daa-nôop
Volga (f)	แม่น้ำวอลกา	mâe-náam won-gaa
Don (m)	แม่น้ำดอน	mâe-náam don
Lena (f)	แม่น้ำลีนา	mâe-náam lee-naa
Huang He (m)	แม่น้ำหวง	mâe-náam hǔang
Yangzi Jiang (m)	แม่น้ำแยงซี	mâe-náam yaeng-see
Mékong (m)	แม่น้ำโขง	mâe-náam khǒhng
Gange (m)	แม่น้ำคงคา	mâe-náam khong-khaa
Nil (m)	แม่น้ำไนล์	mâe-náam nai
Congo (m)	แม่น้ำคองโก	mâe-náam khong-goh
Okavango (m)	แม่น้ำโอคาวังโก	mâe-náam oh-khaa wang goh
Zambèze (m)	แม่น้ำแซมบีซี	mâe-náam saem bee see
Limpopo (m)	แม่น้ำลิมโปโป	mâe-náam lim-bpoh-bpoh
Mississippi (m)	แม่น้ำมิสซิสซิปปี	mâe-náam mít-sít-síp-bpee

131. La forêt

forêt (f)	ป่าไม้	bpàa máai
forestier (adj)	ป่า	bpàa
fourré (m)	ป่าทึบ	bpàa théup
bosquet (m)	ป่าละเมาะ	bpàa lá-mór
clairière (f)	ทุ่งโล่ง	thûng lôhng
broussailles (f pl)	ป่าละเมาะ	bpàa lá-mór
taillis (m)	ป่าละเมาะ	bpàa lá-mór
sentier (m)	ทางเดิน	thaang dern
ravin (m)	ร่องธาร	rông thaan

arbre (m)	ต้นไม้	dtôn máai
feuille (f)	ใบไม้	bai máai
feuillage (m)	ใบไม้	bai máai
chute (f) de feuilles	ใบไม้ร่วง	bai máai rûang
tomber (feuilles)	ร่วง	rûang
sommet (m)	ยอด	yôrt
rameau (m)	กิ่ง	gìng
branche (f)	กานไม้	gâan mái
bourgeon (m)	ยอดอ่อน	yôrt òrn
aiguille (f)	เข็ม	khěm
pomme (f) de pin	ลูกสน	lôok sŏn
creux (m)	โพรงไม้	phrohng máai
nid (m)	รัง	rang
terrier (m) (~ d'un renard)	โพรง	phrohng
tronc (m)	ลำต้น	lam dtôn
racine (f)	ราก	râak
écorce (f)	เปลือกไม้	bplèuak máai
mousse (f)	มอส	môt
déraciner (vt)	ถอนราก	thŏrn râak
abattre (un arbre)	โค่น	khôhn
déboiser (vt)	ตัดไม้ทำลายป่า	dtàt mái tham laai bpàa
souche (f)	ตอไม้	dtor máai
feu (m) de bois	กองไฟ	gorng fai
incendie (m)	ไฟป่า	fai bpàa
éteindre (feu)	ดับไฟ	dàp fai
garde (m) forestier	เจ้าหน้าที่ดูแลป่า	jâo nâa-thêe doo lae bpàa
protection (f)	การปกป้อง	gaan bpòk bpôrng
protéger (vt)	ปกป้อง	bpòk bpôrng
braconnier (m)	นักลอบล่าสัตว์	nák lôrp lâa sàt
piège (m) à mâchoires	กับดักเหล็ก	gàp dàk lèk
cueillir (vt)	เก็บ	gèp
s'égarer (vp)	หลงทาง	lŏng thaang

132. Les ressources naturelles

ressources (f pl) naturelles	ทรัพยากรธรรมชาติ	sáp-pá-yaa-gon tham-má-châat
minéraux (m pl)	แร่	râe
gisement (m)	ตะกอน	dtà-gorn
champ (m) (~ pétrolifère)	บ่อ	bòr
extraire (vt)	ขุดแร่	khùt râe
extraction (f)	การขุดแร่	gaan khùt râe
minerai (m)	แร่	râe
mine (f) (site)	เหมืองแร่	měuang râe
puits (m) de mine	ช่องเหมือง	chôrng měuang

mineur (m)	คนงานเหมือง	khon ngaan měuang
gaz (m)	แก๊ส	gáet
gazoduc (m)	ท่อแก๊ส	thôr gáet
pétrole (m)	น้ำมัน	nám man
pipeline (m)	ท่อน้ำมัน	thôr náam man
tour (f) de forage	บ่อน้ำมัน	bòr náam man
derrick (m)	ปั้นจั่นขนาดใหญ่	bpân jàn khà-nàat yài
pétrolier (m)	เรือบรรทุกน้ำมัน	reua ban-thúk nám man
sable (m)	ทราย	saai
calcaire (m)	หินปูน	hǐn bpoon
gravier (m)	กรวด	grùat
tourbe (f)	พีต	phêet
argile (f)	ดินเหนียว	din nǐeow
charbon (m)	ถ่านหิน	thàan hǐn
fer (m)	เหล็ก	lèk
or (m)	ทอง	thorng
argent (m)	เงิน	ngern
nickel (m)	นิเกิล	ní-gêrn
cuivre (m)	ทองแดง	thorng daeng
zinc (m)	สังกะสี	sǎng-gà-sěe
manganèse (m)	แมงกานีส	maeng-gaa-nêet
mercure (m)	ปรอท	bpa -ròrt
plomb (m)	ตะกั่ว	dtà-gùa
minéral (m)	แร่	râe
cristal (m)	ผลึก	phà-lèuk
marbre (m)	หินอ่อน	hǐn òrn
uranium (m)	ยูเรเนียม	yoo-ray-niam

La Terre. Partie 2

133. Le temps

temps (m)	สภาพอากาศ	sà-phâap aa-gàat
météo (f)	พยากรณ์	phá-yaa-gon
	สภาพอากาศ	sà-phâap aa-gàat
température (f)	อุณหภูมิ	un-hà-phoom
thermomètre (m)	ปรอทวัดอุณหภูมิ	bpà-ròrt wát un-hà-phoom
baromètre (m)	เครื่องวัดความดัน	khrêuang wát khwaam dan
	บรรยากาศ	ban-yaa-gàat
humide (adj)	ชื้น	chéun
humidité (f)	ความชื้น	khwaam chéun
chaleur (f) (canicule)	ความร้อน	khwaam rórn
torride (adj)	ร้อน	rórn
il fait très chaud	มันร้อน	man rórn
il fait chaud	มันอุ่น	man ùn
chaud (modérément)	อุ่น	ùn
il fait froid	อากาศเย็น	aa-gàat yen
froid (adj)	เย็น	yen
soleil (m)	ดวงอาทิตย์	duang aa-thít
briller (soleil)	ส่องแสง	sòrng săeng
ensoleillé (jour ~)	มีแสงแดด	mee săeng dàet
se lever (vp)	ขึ้น	khêun
se coucher (vp)	ตก	dtòk
nuage (m)	เมฆ	mâyk
nuageux (adj)	มีเมฆมาก	mee mâyk mâak
nuée (f)	เมฆฝน	mâyk fŏn
sombre (adj)	มืดครึ้ม	mêut khréum
pluie (f)	ฝน	fŏn
il pleut	ฝนตก	fŏn dtòk
pluvieux (adj)	ฝนตก	fŏn dtòk
bruiner (v imp)	ฝนปรอย	fŏn bproi
pluie (f) torrentielle	ฝนตกหนัก	fŏn dtòk nàk
averse (f)	ฝนห่าใหญ่	fŏn hàa yài
forte (la pluie ~)	หนัก	nàk
flaque (f)	หลุมน้ำ	lòm nám
se faire mouiller	เปียก	bpìak
brouillard (m)	หมอก	mòrk
brumeux (adj)	หมอกจัด	mòrk jàt
neige (f)	หิมะ	hì-má
il neige	หิมะตก	hì-má dtòk

134. Les intempéries. Les catastrophes naturelles

orage (m)	พายุฟ้าคะนอง	phaa-yú fáa khá-nong
éclair (m)	ฟ้าผ่า	fáa phàa
éclater (foudre)	แลบ	lâep
tonnerre (m)	ฟ้าคะนอง	fáa khá-norng
gronder (tonnerre)	มีฟ้าคะนอง	mee fáa khá-norng
le tonnerre gronde	มีฟ้าร้อง	mee fáa rórng
grêle (f)	ลูกเห็บ	lôok hèp
il grêle	มีลูกเห็บตก	mee lôok hèp dtòk
inonder (vt)	ท่วม	thûam
inondation (f)	น้ำท่วม	nám thûam
tremblement (m) de terre	แผ่นดินไหว	phàen din wǎi
secousse (f)	ไหว	wǎi
épicentre (m)	จุดเหนือศูนย์แผ่นดินไหว	jùt něua sǒon phàen din wǎi
éruption (f)	ภูเขาไฟระเบิด	phoo khǎo fai rá-bèrt
lave (f)	ลาวา	laa-waa
tourbillon (m)	พายุหมุน	phaa-yú mǔn
tornade (f)	พายุทอร์เนโด	phaa-yú thor-nay-doh
typhon (m)	พายุไต้ฝุ่น	phaa-yú dtâi fùn
ouragan (m)	พายุเฮอร์ริเคน	phaa-yú her-rí-khayn
tempête (f)	พายุ	phaa-yú
tsunami (m)	คลื่นสึนามิ	khlêun sèu-naa-mí
cyclone (m)	พายุไซโคลน	phaa-yú sai-khlohn
intempéries (f pl)	อากาศไม่ดี	aa-gàat mâi dee
incendie (m)	ไฟไหม้	fai mâi
catastrophe (f)	ความหายนะ	khwaam hǎa-yá-ná
météorite (m)	อุกกาบาต	ùk-gaa-bàat
avalanche (f)	หิมะถล่ม	hì-má thà-lòm
éboulement (m)	หิมะถล่ม	hì-má thà-lòm
blizzard (m)	พายุหิมะ	phaa-yú hì-má
tempête (f) de neige	พายุหิมะ	phaa-yú hì-má

La faune

135. Les mammiféres. Les prédateurs

prédateur (m)	สัตว์กินเนื้อ	sàt gin néua
tigre (m)	เสือ	sĕua
lion (m)	สิงโต	sĭng dtoh
loup (m)	หมาป่า	măa bpàa
renard (m)	หมาจิ้งจอก	măa jîng-jòk
jaguar (m)	เสือจากัวร์	sĕua jaa-gua
léopard (m)	เสือดาว	sĕua daao
guépard (m)	เสือชีตาห์	sĕua chee-dtaa
panthère (f)	เสือดำ	sĕua dam
puma (m)	สิงโตภูเขา	sĭng-dtoh phoo khăo
léopard (m) de neiges	เสือดาวหิมะ	sĕua daao hì-má
lynx (m)	แมวป่า	maew bpàa
coyote (m)	โคโยตี้	khoh-yoh-dtêe
chacal (m)	หมาจิ้งจอกทอง	măa jîng-jòk thorng
hyène (f)	ไฮยีนา	hai-yee-naa

136. Les animaux sauvages

animal (m)	สัตว์	sàt
bête (f)	สัตว์	sàt
écureuil (m)	กระรอก	grà rôk
hérisson (m)	เม่น	mâyn
lièvre (m)	กระต่ายป่า	grà-dtàai bpàa
lapin (m)	กระต่าย	grà-dtàai
blaireau (m)	แบดเจอร์	baet-jer
raton (m)	แร็คคูน	ráek khoon
hamster (m)	หนูแฮมสเตอร์	nŏo haem-sà-dtêr
marmotte (f)	มารมอต	maa-môt
taupe (f)	ตุ่น	dtùn
souris (f)	หนู	nŏo
rat (m)	หนู	nŏo
chauve-souris (f)	ค้างคาว	kháang khaao
hermine (f)	เออร์มิน	er-min
zibeline (f)	เซเบิล	say bern
martre (f)	มาร์เทน	maa thern
belette (f)	เพียงพอนสีน้ำตาล	phiang phon sĕe nám dtaan
vison (m)	เพียงพอน	phiang phorn

castor (m)	บีเวอร์	bee-wer
loutre (f)	นาก	nâak

cheval (m)	ม้า	máa
élan (m)	กวางมูส	gwaang môot
cerf (m)	กวาง	gwaang
chameau (m)	อูฐ	òot

bison (m)	วัวป่า	wua bpàa
aurochs (m)	วัวป่าออรอช	wua bpàa or rôt
buffle (m)	ควาย	khwaai

zèbre (m)	ม้าลาย	máa laai
antilope (f)	แอนทีโลป	aen-thi-lòp
chevreuil (m)	กวางโรเดียร์	gwaang roh-dia
biche (f)	กวางแฟลโลว์	gwaang flae-loh
chamois (m)	เลียงผา	liang-phăa
sanglier (m)	หมูป่า	mŏo bpàa

baleine (f)	วาฬ	waan
phoque (m)	แมวน้ำ	maew náam
morse (m)	ช้างน้ำ	cháang náam
ours (m) de mer	แมวน้ำมีขน	maew náam mee khŏn
dauphin (m)	โลมา	loh-maa

ours (m)	หมี	měe
ours (m) blanc	หมีขั้วโลก	měe khûa lôhk
panda (m)	หมีแพนด้า	měe phaen-dâa

singe (m)	ลิง	ling
chimpanzé (m)	ลิงชิมแปนซี	ling chim-bpaen-see
orang-outang (m)	ลิงอุรังอุตัง	ling u-rang-u-dtang
gorille (m)	ลิงกอริลลา	ling gor-rin-lâa
macaque (m)	ลิงแม็กแคก	ling mâk-khâk
gibbon (m)	ชะนี	chá-nee

éléphant (m)	ช้าง	cháang
rhinocéros (m)	แรด	râet
girafe (f)	ยีราฟ	yee-râaf
hippopotame (m)	ฮิปโปโปเตมัส	híp-bpoh-bpoh-dtay-mát

kangourou (m)	จิงโจ้	jing-jôh
koala (m)	หมีโคอาล่า	měe khoh aa lâa

mangouste (f)	พังพอน	phang phon
chinchilla (m)	ชินคิลลา	khin-khin laa
mouffette (f)	สกังก์	sà-gang
porc-épic (m)	เม่น	mâyn

137. Les animaux domestiques

chat (m) (femelle)	แมวตัวเมีย	maew dtua mia
chat (m) (mâle)	แมวตัวผู้	maew dtua phôo
chien (m)	สุนัข	sù-nák

cheval (m)	ม้า	máa
étalon (m)	ม้าตัวผู้	máa dtua phôo
jument (f)	มาตัวเมีย	máa dtua mia
vache (f)	วัว	wua
taureau (m)	กระทิง	grà-thing
bœuf (m)	วัว	wua
brebis (f)	แกะตัวเมีย	gàe dtua mia
mouton (m)	แกะตัวผู้	gàe dtua phôo
chèvre (f)	แพะตัวเมีย	pháe dtua mia
bouc (m)	แพะตัวผู้	pháe dtua phôo
âne (m)	ลา	laa
mulet (m)	ลอ	lôr
cochon (m)	หมู	mǒo
pourceau (m)	ลูกหมู	lôok mǒo
lapin (m)	กระต่าย	grà-dtàai
poule (f)	ไก่ตัวเมีย	gài dtua mia
coq (m)	ไก่ตัวผู้	gài dtua phôo
canard (m)	เป็ดตัวเมีย	bpèt dtua mia
canard (m) mâle	เป็ดตัวผู้	bpèt dtua phôo
oie (f)	ห่าน	hàan
dindon (m)	ไก่งวงตัวผู้	gài nguang dtua phôo
dinde (f)	ไก่งวงตัวเมีย	gài nguang dtua mia
animaux (m pl) domestiques	สัตว์เลี้ยง	sàt líang
apprivoisé (adj)	เลี้ยง	líang
apprivoiser (vt)	เชื่อง	chêuang
élever (vt)	ขยายพันธุ์	khà-yǎai phan
ferme (f)	ฟาร์ม	faam
volaille (f)	สัตว์ปีก	sàt bpèek
bétail (m)	วัวควาย	wua khwaai
troupeau (m)	ฝูง	fǒong
écurie (f)	คอกม้า	khôrk máa
porcherie (f)	คอกหมู	khôrk mǒo
vacherie (f)	คอกวัว	khôrk wua
cabane (f) à lapins	คอกกระต่าย	khôrk grà-dtàai
poulailler (m)	เล้าไก่	láo gài

138. Les oiseaux

oiseau (m)	นก	nók
pigeon (m)	นกพิราบ	nók phí-râap
moineau (m)	นกกระจิบ	nók grà-jìp
mésange (f)	นกติ๊ด	nók dtít
pie (f)	นกสาลิกา	nók sǎa-lí gaa
corbeau (m)	นกอีกา	nók ee-gaa

corneille (f)	นกกา	nók gaa
choucas (m)	นกจำพวกกา	nók jam phûak gaa
freux (m)	นกการูด	nók gaa róok
canard (m)	เป็ด	bpèt
oie (f)	ห่าน	hàan
faisan (m)	ไก่ฟ้า	gài fáa
aigle (m)	นกอินทรี	nók in-see
épervier (m)	นกเหยี่ยว	nók yìeow
faucon (m)	นกเหยี่ยว	nók yìeow
vautour (m)	นกแร้ง	nók ráeng
condor (m)	นกแร้งขนาดใหญ่	nók ráeng kà-nàat yài
cygne (m)	นกหงส์	nók hŏng
grue (f)	นกกระเรียน	nók grà rian
cigogne (f)	นกกระสา	nók grà-săa
perroquet (m)	นกแก้ว	nók gâew
colibri (m)	นกฮัมมิ่งเบิร์ด	nók ham-mîng-bèrt
paon (m)	นกยูง	nók yoong
autruche (f)	นกกระจอกเทศ	nók grà-jòrk-thâyt
héron (m)	นกยาง	nók yaang
flamant (m)	นกฟลามิงโก	nók flaa-ming-goh
pélican (m)	นกกระทุง	nók-grà-thung
rossignol (m)	นกไนติงเกล	nók-nai-dting-gayn
hirondelle (f)	นกนางแอ่น	nók naang-àen
merle (m)	นกเดินดง	nók dern dong
grive (f)	นกเดินดงร้องเพลง	nók dern dong rórng phlayng
merle (m) noir	นกเดินดงสีดำ	nók-dern-dong sĕe dam
martinet (m)	นกแอ่น	nók àen
alouette (f) des champs	นกลาร์ค	nók lâak
caille (f)	นกคุ่ม	nók khûm
pivert (m)	นกหัวขวาน	nók hŭa khwăan
coucou (m)	นกดุเหว่า	nók dù hăy wâa
chouette (f)	นกฮูก	nók hôok
hibou (m)	นกเค้าใหญ่	nók kháo yài
tétras (m)	ไก่ป่า	gài bpàa
tétras-lyre (m)	ไก่ดำ	gài dam
perdrix (f)	นกกระทา	nók-grà-thaa
étourneau (m)	นกกิ้งโครง	nók-gîng-khrohng
canari (m)	นกขุนมั่น	nók khà-mîn
gélinotte (f) des bois	ไก่น้ำตาล	gài nám dtaan
pinson (m)	นกจาบ	nók-jàap
bouvreuil (m)	นกบูลฟินช์	nók boon-fin
mouette (f)	นกนางนวล	nók naang-nuan
albatros (m)	นกอัลบาทรอส	nók an-baa-thrôt
pingouin (m)	นกเพนกวิน	nók phayn-gwin

139. Les poissons. Les animaux marins

brème (f)	ปลาบรีม	bplaa bpreem
carpe (f)	ปลาคารูป	bplaa khâap
perche (f)	ปลาเพิร์ช	bplaa phêrt
silure (m)	ปลาดุก	bplaa-dùk
brochet (m)	ปลาไพค์	bplaa phai
saumon (m)	ปลาแซลมอน	bplaa saen-morn
esturgeon (m)	ปลาสเตอร์เจียน	bpláa sà-dtêr jian
hareng (m)	ปลาเฮอร์ริง	bplaa her-ring
saumon (m) atlantique	ปลาแซลมอนแอตแลนติก	bplaa saen-mon àet-laen-dtìk
maquereau (m)	ปลาซาบะ	bplaa saa-bà
flet (m)	ปลาลิ้นหมา	bplaa lín-măa
sandre (f)	ปลาไพค์เพิร์ช	bplaa phái phert
morue (f)	ปลาค็อด	bplaa khót
thon (m)	ปลาทูน่า	bplaa thoo-nâa
truite (f)	ปลาเทราท์	bplaa thrau
anguille (f)	ปลาไหล	bplaa lăi
torpille (f)	ปลากระเบนไฟฟ้า	bplaa grà-bayn-fai-fáa
murène (f)	ปลาไหลมอเรย์	bplaa lăi mor-ray
piranha (m)	ปลาปิรันยา	bplaa bpì-ran-yâa
requin (m)	ปลาฉลาม	bplaa chà-lăam
dauphin (m)	โลมา	loh-maa
baleine (f)	วาฬ	waan
crabe (m)	ปู	bpoo
méduse (f)	แมงกะพรุน	maeng gà-phrun
pieuvre (f), poulpe (m)	ปลาหมึก	bplaa mèuk
étoile (f) de mer	ปลาดาว	bplaa daao
oursin (m)	หอยเม่น	hŏi mâyn
hippocampe (m)	ม้าน้ำ	máa nám
huître (f)	หอยนางรม	hŏi naang rom
crevette (f)	กุ้ง	gûng
homard (m)	กุ้งมังกร	gûng mang-gon
langoustine (f)	กุ้งมังกร	gûng mang-gon

140. Les amphibiens. Les reptiles

serpent (m)	งู	ngoo
venimeux (adj)	พิษ	phít
vipère (f)	งูแมวเซา	ngoo maew sao
cobra (m)	งูเห่า	ngoo hào
python (m)	งูเหลือม	ngoo lĕuam
boa (m)	งูโบอา	ngoo boh-aa
couleuvre (f)	งูเล็กที่ไม่เป็นอันตราย	ngoo lék thêe mâi bpen an-dtà-raai

serpent (m) à sonnettes	งูหางกระดิ่ง	ngoo hăang grà-dìng
anaconda (m)	งูอนาคอนดา	ngoo a -naa-khon-daa
lézard (m)	กิ้งก่า	gîng-gàa
iguane (m)	อีกัวนา	ee gua naa
varan (m)	กิ้งกามอนิเตอร์	gîng-gàa mor-ní-dtêr
salamandre (f)	ซาลาแมนเดอร์	saa-laa-maen-dêr
caméléon (m)	กิ้งกาคามิเลียน	gîng-gàa khaa-mí-lian
scorpion (m)	แมงป่อง	maeng bpòrng
tortue (f)	เต่า	dtào
grenouille (f)	กบ	gòp
crapaud (m)	คางคก	khaang-kók
crocodile (m)	จระเข้	jor-rá-khây

141. Les insectes

insecte (m)	แมลง	má-laeng
papillon (m)	ผีเสื้อ	phĕe sêua
fourmi (f)	มด	mót
mouche (f)	แมลงวัน	má-laeng wan
moustique (m)	ยุง	yung
scarabée (m)	แมลงปีกแข็ง	má-laeng bpèek khăeng
guêpe (f)	ต่อ	dtòr
abeille (f)	ผึ้ง	phêung
bourdon (m)	ผึ้งบัมเบิลบี	phêung bam-bern bee
œstre (m)	เหลือบ	lèuap
araignée (f)	แมงมุม	maeng mum
toile (f) d'araignée	ใยแมงมุม	yai maeng mum
libellule (f)	แมลงปอ	má-laeng bpor
sauterelle (f)	ตั๊กแตน	dták-gà-dtaen
papillon (m)	ผีเสื้อกลางคืน	phĕe sêua glaang kheun
cafard (m)	แมลงสาบ	má-laeng sàap
tique (f)	เห็บ	hèp
puce (f)	หมัด	màt
moucheron (m)	ริ้น	rín
criquet (m)	ตั๊กแตน	dták-gà-dtaen
escargot (m)	หอยทาก	hŏi thâak
grillon (m)	จิ้งหรีด	jîng-rèet
luciole (f)	หิ่งห้อย	hìng-hôi
coccinelle (f)	แมลงเต่าทอง	má-laeng dtào thorng
hanneton (m)	แมงอีนูน	maeng ee noon
sangsue (f)	ปลิง	bpling
chenille (f)	บุ้ง	bûng
ver (m)	ไส้เดือน	sâi deuan
larve (f)	ตัวอ่อน	dtua òrn

La flore

142. Les arbres

arbre (m)	ต้นไม้	dtôn máai
à feuilles caduques	ผลัดใบ	phlàt bai
conifère (adj)	สน	sŏn
à feuilles persistantes	ซึ่งเขียวชอุ่มตลอดปี	sêung khĭeow chá-ùm dtà-lòrt bpee
pommier (m)	ต้นแอปเปิ้ล	dtôn àep-bpêrn
poirier (m)	ต้นแพร์	dtôn phae
merisier (m)	ต้นเชอร์รี่ป่า	dtôn cher-rêe bpàa
cerisier (m)	ต้นเชอร์รี่	dtôn cher-rêe
prunier (m)	ต้นพลัม	dtôn phlam
bouleau (m)	ต้นเบิร์ช	dtôn bèrt
chêne (m)	ต้นโอ๊ค	dtôn óhk
tilleul (m)	ต้นไม้ดอกเหลือง	dtôn máai dòrk lĕuang
tremble (m)	ต้นแอสเพน	dtôn ae sà-phayn
érable (m)	ต้นเมเปิ้ล	dtôn may bpêrn
épicéa (m)	ต้นเฟอร์	dtôn fer
pin (m)	ต้นเกี๊ยะ	dtôn gía
mélèze (m)	ต้นลาร์ช	dtôn lâat
sapin (m)	ต้นเฟอร์	dtôn fer
cèdre (m)	ต้นซีดาร์	dtôn-see-daa
peuplier (m)	ต้นปอปลาร์	dtôn bpor-bplaa
sorbier (m)	ต้นโรแวน	dtôn-roh-waen
saule (m)	ต้นวิลโลว์	dtôn win-loh
aune (m)	ต้นอัลเดอร์	dtôn an-dêr
hêtre (m)	ต้นบีช	dtôn bèet
orme (m)	ต้นเอล์ม	dtôn elm
frêne (m)	ต้นแอช	dtôn aesh
marronnier (m)	ต้นเกาลัด	dtôn gao lát
magnolia (m)	ต้นแมกโนเลีย	dtôn mâek-noh-lia
palmier (m)	ต้นปาล์ม	dtôn bpaam
cyprès (m)	ต้นไซเปรส	dtôn-sai-bpràyt
palétuvier (m)	ต้นโกงกาง	dtôn gohng gaang
baobab (m)	ต้นเบาบับ	dtôn bao-bàp
eucalyptus (m)	ต้นยูคาลิปตัส	dtôn yoo-khaa-líp-dtàt
séquoia (m)	ต้นสนซีควัยยา	dtôn sŏn see kua yaa

143. Les arbustes

buisson (m)	พุ่มไม้	phûm máai
arbrisseau (m)	ต้นไม้พุ่ม	dtôn máai phûm
vigne (f)	ต้นองุ่น	dtôn a-ngùn
vigne (f) (vignoble)	ไร่องุ่น	râi a-ngùn
framboise (f)	พุ่มราสเบอร์รี่	phûm râat-ber-rêe
cassis (m)	พุมแบล็คเคอร์แรนท์	phûm blàek-khêr-raen
groseille (f) rouge	พุมเรดเคอร์แรนท	phûm râyt-khêr-raen
groseille (f) verte	พุมกูสเบอรรี	phûm gòot-ber-rêe
acacia (m)	ต้นอาเคเชีย	dtôn aa-khay-chia
berbéris (m)	ตนบารเบอรรี	dtôn baa-ber-rêe
jasmin (m)	มะลิ	má-lí
genévrier (m)	ต้นจูนิเปอร์	dtôn joo-ní-bper
rosier (m)	พุมกุหลาบ	phûm gù làap
églantier (m)	พุมดอกโรส	phûm dòrk-rôht

144. Les fruits. Les baies

fruit (m)	ผลไม้	phǒn-lá-máai
fruits (m pl)	ผลไม้	phǒn-lá-máai
pomme (f)	แอปเปิ้ล	àep-bpêrn
poire (f)	ลูกแพร	lôok phae
prune (f)	พลัม	phlam
fraise (f)	สตรอว์เบอร์รี่	sà-dtror-ber-rêe
cerise (f)	เชอร์รี่	cher-rêe
merise (f)	เชอร์รี่ป่า	cher-rêe bpàa
raisin (m)	องุ่น	a-ngùn
framboise (f)	ราสเบอร์รี่	râat-ber-rêe
cassis (m)	แบล็คเคอร์แรนท์	blàek khêr-raen
groseille (f) rouge	เรดเคอร์แรนท์	râyt-khêr-raen
groseille (f) verte	กูสเบอร์รี่	gòot-ber-rêe
canneberge (f)	แครนเบอร์รี่	khraen-ber-rêe
orange (f)	ส้ม	sôm
mandarine (f)	ส้มแมนดาริน	sôm maen daa rin
ananas (m)	สัปปะรด	sàp-bpà-rót
banane (f)	กล้วย	glûay
datte (f)	อินทผลัม	in-thá-phâ-lam
citron (m)	เลมอน	lay-mon
abricot (m)	แอปริคอท	ae-bprì-khôrt
pêche (f)	ลูกท้อ	lôok thór
kiwi (m)	กีวี	gee wee
pamplemousse (m)	ส้มโอ	sôm oh
baie (f)	เบอร์รี่	ber-rêe

baies (f pl)	เบอร์รี่	ber-rêe
airelle (f) rouge	คาวเบอร์รี่	khaao-ber-rêe
fraise (f) des bois	สตรอวเบอร์รี่ป่า	sá-dtrorw ber-rêe bpàa
myrtille (f)	บิลเบอร์รี่	bil-ber-rêe

145. Les fleurs. Les plantes

fleur (f)	ดอกไม้	dòrk máai
bouquet (m)	ช่อดอกไม้	chôr dòrk máai
rose (f)	ดอกกุหลาบ	dòrk gù làap
tulipe (f)	ดอกทิวลิป	dòrk thiw-líp
oeillet (m)	ดอกคาร์เนชั่น	dòrk khaa-nay-chân
glaïeul (m)	ดอกแกลดิโอลัส	dòrk gaen-dì-oh-lát
bleuet (m)	ดอกคอร์นฟลาวเวอร์	dòrk khon-flaao-wer
campanule (f)	ดอกระฆัง	dòrk rá-khang
dent-de-lion (f)	ดอกแดนดิไลออน	dòrk daen-dì-lai-on
marguerite (f)	ดอกคาโมมายล์	dòrk khaa-moh maai
aloès (m)	ว่านหางจระเข้	wâan-hăang-jor-rá-khây
cactus (m)	ต้นบองเพชร	dtà-bong-phét
ficus (m)	ต้นเลียบ	dtôn lîap
lis (m)	ดอกลิลลี่	dòrk lí-lêe
géranium (m)	ดอกเจอราเนียม	dòrk jer-raa-niam
jacinthe (f)	ดอกไฮอะซินท์	dòrk hai-a-sin
mimosa (m)	ดอกไมยราบ	dòrk mai râap
jonquille (f)	ดอกนาร์ซิสซัส	dòrk naa-sít-sát
capucine (f)	ดอกแนสเตอร์ชัม	dòrk nâet-dtêr-cham
orchidée (f)	ดอกกล้วยไม้	dòrk glûay máai
pivoine (f)	ดอกโบตั๋น	dòrk boh-dtăn
violette (f)	ดอกไวโอเล็ต	dòrk wai-oh-lét
pensée (f)	ดอกแพนซี	dòrk phaen-see
myosotis (m)	ดอกฟอร์เก็ตมีน็อต	dòrk for-gèt-mee-nót
pâquerette (f)	ดอกเดซี	dòrk day see
coquelicot (m)	ดอกป๊อปปี้	dòrk bpóp-bpêe
chanvre (m)	กัญชา	gan chaa
menthe (f)	สะระแหน่	sà-rá-nàe
muguet (m)	ดอกลิลลี่แห่งหุบเขา	dòrk lí-lá-lêe hàeng hùp khăo
perce-neige (f)	ดอกหยาดหิมะ	dòrk yàat hì-má
ortie (f)	ตำแย	dtam-yae
oseille (f)	ซอร์เรล	sor-rayn
nénuphar (m)	บัว	bua
fougère (f)	เฟิร์น	fern
lichen (m)	ไลเคน	lai-khayn
serre (f) tropicale	เรือนกระจก	reuan grà-jòk
gazon (m)	สนามหญ้า	sà-năam yâa

parterre (m) de fleurs	สนามดอกไม้	sà-năam-dòrk-máai
plante (f)	พืชุ	phêut
herbe (f)	หญ้า	yâa
brin (m) d'herbe	ใบหญ้า	bai yâa
feuille (f)	ใบไม้	bai máai
pétale (m)	กลีบดอก	glèep dòrk
tige (f)	ลำตัน	lam dtôn
tubercule (m)	หัวใต้ดิน	hŭa dtâi din
pousse (f)	ต้นอ่อน	dtôn òrn
épine (f)	หนาม	năam
fleurir (vi)	บาน	baan
se faner (vp)	เหี่ยว	hìeow
odeur (f)	กลิ่น	glìn
couper (vt)	ตัด	dtàt
cueillir (fleurs)	เด็ด	dèt

146. Les céréales

grains (m pl)	เมล็ด	má-lét
céréales (f pl) (plantes)	ธัญพืช	than-yá-phêut
épi (m)	รวงข้าว	ruang khâao
blé (m)	ข้าวสาลี	khâao săa-lee
seigle (m)	ข้าวไรย์	khâao rai
avoine (f)	ข้าวโอ๊ต	khâao óht
millet (m)	ข้าวฟ่าง	khâao fâang
orge (f)	ข้าวบาร์เลย์	khâao baa-lây
maïs (m)	ข้าวโพด	khâao-phôht
riz (m)	ข้าว	khâao
sarrasin (m)	บัควีท	bàk-wêet
pois (m)	ถั่วลันเตา	thùa-lan-dtao
haricot (m)	ถั่วรูปไต	thùa rôop dtai
soja (m)	ถั่วเหลือง	thùa lĕuang
lentille (f)	ถั่วเลนทิล	thùa layn thin
fèves (f pl)	ถั่ว	thùa

LES PAYS DU MONDE. LES NATIONALITÉS

147. L'Europe de l'Ouest

Europe (f)	ยุโรป	yú-ròhp
Union (f) européenne	สหภาพยุโรป	sà-hà phâap yú-rôhp
Autriche (f)	ประเทศออสเตรีย	bprà-thâyt òt-dtria
Grande-Bretagne (f)	บริเตนใหญ่	brì-dtayn yài
Angleterre (f)	ประเทศอังกฤษ	bprà-thâyt ang-grìt
Belgique (f)	ประเทศเบลเยียม	bprà-thâyt bayn-yiam
Allemagne (f)	ประเทศเยอรมนี	bprà-thâyt yer-rá-ma-nee
Pays-Bas (m)	ประเทศเนเธอร์แลนด์	bprà-thâyt nay-ther-laen
Hollande (f)	ประเทศฮอลแลนด์	bprà-thâyt hon-laen
Grèce (f)	ประเทศกรีซ	bprà-thâyt grèet
Danemark (m)	ประเทศเดนมาร์ก	bprà-thâyt dayn-màak
Irlande (f)	ประเทศไอร์แลนด์	bprà-thâyt ai-laen
Islande (f)	ประเทศไอซ์แลนด์	bprà-thâyt ai-laen
Espagne (f)	ประเทศสเปน	bprà-thâyt sà-bpayn
Italie (f)	ประเทศอิตาลี	bprà-thâyt i-dtaa-lee
Chypre (m)	ประเทศไซปรัส	bprà-thâyt sai-bpràt
Malte (f)	ประเทศมอลตา	bprà-thâyt mon-dtaa
Norvège (f)	ประเทศนอร์เวย์	bprà-thâyt nor-way
Portugal (m)	ประเทศโปรตุเกส	bprà-thâyt bproh-dtù-gàyt
Finlande (f)	ประเทศฟินแลนด์	bprà-thâyt fin-laen
France (f)	ประเทศฝรั่งเศส	bprà-thâyt fà-ràng-sàyt
Suède (f)	ประเทศสวีเดน	bprà-thâyt sà-wĕe-dayn
Suisse (f)	ประเทศสวิตเซอร์แลนด์	bprà-thâyt sà-wìt-sêr-laen
Écosse (f)	ประเทศสก็อตแลนด์	bprà-thâyt sà-gòt-laen
Vatican (m)	นครรัฐวาติกัน	ná-khon rát waa-dtì-gan
Liechtenstein (m)	ประเทศลิกเตนสไตน์	bprà-thâyt lík-tay-ná-sà-dtai
Luxembourg (m)	ประเทศลักเซมเบิร์ก	bprà-thâyt lák-saym-bèrk
Monaco (m)	ประเทศโมนาโก	bprà-thâyt moh-naa-goh

148. L'Europe Centrale et l'Europe de l'Est

Albanie (f)	ประเทศแอลเบเนีย	bprà-thâyt aen-bay-nia
Bulgarie (f)	ประเทศบัลแกเรีย	bprà-thâyt ban-gae-ria
Hongrie (f)	ประเทศฮังการี	bprà-thâyt hang-gaa-ree
Lettonie (f)	ประเทศลัตเวีย	bprà-thâyt lát-wia
Lituanie (f)	ประเทศลิทัวเนีย	bprà-thâyt lí-thua-nia
Pologne (f)	ประเทศโปแลนด์	bprà-thâyt bpoh-laen

Roumanie (f)	ประเทศโรมาเนีย	bprà-thâyt roh-maa-nia
Serbie (f)	ประเทศเซอร์เบีย	bprà-thâyt sêr-bia
Slovaquie (f)	ประเทศสโลวาเกีย	bprà-thâyt sà-loh-waa-gia
Croatie (f)	ประเทศโครเอเชีย	bprà-thâyt khroh-ay-chia
République (f) Tchèque	ประเทศเช็กเกีย	bprà-thâyt chék-gia
Estonie (f)	ประเทศเอสโตเนีย	bprà-thâyt àyt-dtoh-nia
Bosnie (f)	ประเทศบอสเนีย และเฮอร์เซโกวีนา	bprà-thâyt bòt-nia láe her-say-goh-wí-naa
Macédoine (f)	ประเทศมาซิโดเนีย	bprà-thâyt maa-sí-doh-nia
Slovénie (f)	ประเทศสโลวีเนีย	bprà-thâyt sà-loh-wee-nia
Monténégro (m)	ประเทศมอนเตเนโกร	bprà-thâyt mon-dtay-nay-groh

149. Les pays de l'ex-U.R.S.S.

Azerbaïdjan (m)	ประเทศอาเซอร์ไบจาน	bprà-thâyt aa-sêr-bai-jaan
Arménie (f)	ประเทศอาร์เมเนีย	bprà-thâyt aa-may-nia
Biélorussie (f)	ประเทศเบลารุส	bprà-thâyt blao-rút
Géorgie (f)	ประเทศจอร์เจีย	bprà-thâyt jor-jia
Kazakhstan (m)	ประเทศคาซัคสถาน	bprà-thâyt khaa-sák-sà-thăan
Kirghizistan (m)	ประเทศคีร์กีซสถาน	bprà-thâyt khee-gèet--à-thăan
Moldavie (f)	ประเทศมอลโดวา	bprà-thâyt mon-doh-waa
Russie (f)	ประเทศรัสเซีย	bprà-thâyt rát-sia
Ukraine (f)	ประเทศยูเครน	bprà-thâyt yoo-khrayn
Tadjikistan (m)	ประเทศทาจิกิสถาน	bprà-thâyt thaa-jì-gìt-thăan
Turkménistan (m)	ประเทศเติร์กเมนิสถาน	bprà-thâyt dtèrk-may-nít-thăan
Ouzbékistan (m)	ประเทศอุซเบกิสถาน	bprà-thâyt ùt-bay-gìt-thăan

150. L'Asie

Asie (f)	เอเชีย	ay-chia
Vietnam (m)	ประเทศเวียดนาม	bprà-thâyt wîat-naam
Inde (f)	ประเทศอินเดีย	bprà-thâyt in-dia
Israël (m)	ประเทศอิสราเอล	bprà-thâyt ìt-sà-răa-ayn
Chine (f)	ประเทศจีน	bprà-thâyt jeen
Liban (m)	ประเทศเลบานอน	bprà-thâyt lay-baa-non
Mongolie (f)	ประเทศมองโกเลีย	bprà-thâyt mong-goh-lia
Malaisie (f)	ประเทศมาเลเซีย	bprà-thâyt maa-lay-sia
Pakistan (m)	ประเทศปากีสถาน	bprà-thâyt bpaa-gèet-thăan
Arabie (f) Saoudite	ประเทศซาอุดีอาระเบีย	bprà-thâyt saa-u-dì aa-ra--bia
Thaïlande (f)	ประเทศไทย	bprà-tâyt thai

Taïwan (m)	ไต้หวัน	dtâi-wǎn
Turquie (f)	ประเทศตุรกี	bprà-thâyt dtù-rá-gee
Japon (m)	ประเทศญี่ปุ่น	bprà-thâyt yêe-bpùn

Afghanistan (m)	ประเทศอัฟกานิสถาน	bprà-thâyt àf-gaa-nít-thǎan
Bangladesh (m)	ประเทศบังคลาเทศ	bprà-thâyt bang-khlaa-thâyt
Indonésie (f)	ประเทศอินโดนีเซีย	bprà-thâyt in-doh-nee-sia
Jordanie (f)	ประเทศจอรแดน	bprà-thâyt jor-daen

Iraq (m)	ประเทศอิรัก	bprà-thâyt i-rák
Iran (m)	ประเทศอิหราน	bprà-thâyt i-ràan
Cambodge (m)	ประเทศกัมพูชา	bprà-thâyt gam-phoo-chaa
Koweït (m)	ประเทศคูเวต	bprà-thâyt khoo-wâyt

Laos (m)	ประเทศลาว	bprà-thâyt laao
Myanmar (m)	ประเทศเมียนมาร์	bprà-thâyt mian-maa
Népal (m)	ประเทศเนปาล	bprà-thâyt nay-bpaan
Fédération (f) des Émirats Arabes Unis	สหรัฐอาหรับเอมิเรตส์	sà-hà-rát aa-ràp ay-mí-râyt

Syrie (f)	ประเทศซีเรีย	bprà-thâyt see-ria
Palestine (f)	ปาเลสไตน์	bpaa-lâyt-dtai
Corée (f) du Sud	เกาหลีใต้	gao-lěe dtâi
Corée (f) du Nord	เกาหลีเหนือ	gao-lěe něua

151. L'Amérique du Nord

Les États Unis	สหรัฐอเมริกา	sà-hà-rát a-may-rí-gaa
Canada (m)	ประเทศแคนาดา	bprà-thâyt khae-naa-daa
Mexique (m)	ประเทศเม็กซิโก	bprà-thâyt mék-sí-goh

152. L'Amérique Centrale et l'Amérique du Sud

Argentine (f)	ประเทศอาร์เจนตินา	bprà-thâyt aa-jayn-dtì-naa
Brésil (m)	ประเทศบราซิล	bprà-thâyt braa-sin
Colombie (f)	ประเทศโคลัมเบีย	bprà-thâyt khoh-lam-bia
Cuba (f)	ประเทศคิวบา	bprà-thâyt khiw-baa
Chili (m)	ประเทศชิลี	bprà-thâyt chí-lee

Bolivie (f)	ประเทศโบลิเวีย	bprà-thâyt boh-lí-wia
Venezuela (f)	ประเทศเวเนซุเอลา	bprà-thâyt way-nay-sú-ay-laa
Paraguay (m)	ประเทศปารากวัย	bprà-thâyt bpaa-raa-gwai
Pérou (m)	ประเทศเปรู	bprà-thâyt bpay-roo

Surinam (m)	ประเทศซูรินาม	bprà-thâyt soo-rí-naam
Uruguay (m)	ประเทศอุรุกวัย	bprà-thâyt u-rúk-wai
Équateur (m)	ประเทศเอกวาดอร์	bprà-thâyt ay-gwaa-dor

Bahamas (f pl)	ประเทศบาฮามาส	bprà-thâyt baa-haa-mâat
Haïti (m)	ประเทศเฮติ	bprà-thâyt hay-dtì
République (f) Dominicaine	สาธารณรัฐโดมินิกัน	sǎa-thaa-rá-ná rát doh-mí-ní-gan

Panamá (m)	ประเทศปานามา	bprà-thâyt bpaa-naa-maa
Jamaïque (f)	ประเทศจาเมกา	bprà-thâyt jaa-may-gaa

153. L'Afrique

Égypte (f)	ประเทศอียิปต์	bprà-thâyt bprà-thâyt ee-yíp
Maroc (m)	ประเทศมอร็อคโค	bprà-thâyt mor-rók-khoh
Tunisie (f)	ประเทศตูนิเซีย	bprà-thâyt dtoo-ní-sia
Ghana (m)	ประเทศกานา	bprà-thâyt gaa-naa
Zanzibar (m)	ประเทศแซนซิบาร์	bprà-thâyt saen-sí-baa
Kenya (m)	ประเทศเคนยา	bprà-thâyt khayn-yâa
Libye (f)	ประเทศลิเบีย	bprà-thâyt lí-bia
Madagascar (f)	ประเทศมาดากัสการ์	bprà-thâyt maa-daa-gàt-gaa
Namibie (f)	ประเทศนามิเบีย	bprà-thâyt naa-mí-bia
Sénégal (m)	ประเทศเซเนกัล	bprà-thâyt say-nay-gan
Tanzanie (f)	ประเทศแทนซาเนีย	bprà-thâyt thaen-saa-nia
République (f) Sud-africaine	ประเทศแอฟริกาใต้	bprà-thâyt àef-rí-gaa dtâi

154. L'Australie et Océanie

Australie (f)	ประเทศออสเตรเลีย	bprà-thâyt òt-dtray-lia
Nouvelle Zélande (f)	ประเทศนิวซีแลนด์	bprà-thâyt niw-see-laen
Tasmanie (f)	ประเทศแทสเมเนีย	bprà-thâyt thâet-may-nia
Polynésie (f) Française	เฟรนช์โปลินีเซีย	frayn-bpoh-lí-nee-sia

155. Les grandes villes

Amsterdam (f)	อัมสเตอร์ดัม	am-sà-dtêr-dam
Ankara (m)	อังคารา	ang-khaa-raa
Athènes (m)	เอเธนส์	ay-thayn
Bagdad (m)	แบกแดด	bàek-dàet
Bangkok (m)	กรุงเทพฯ	grung thâyp
Barcelone (f)	บาร์เซโลนา	baa-say-loh-naa
Berlin (m)	เบอร์ลิน	ber-lin
Beyrouth (m)	เบรุต	bay-rút
Bombay (m)	มุมไบ	mum-bai
Bonn (f)	บอนน์	bon
Bordeaux (f)	บอร์โด	bor doh
Bratislava (m)	บราติสลาวา	braa-dtìt-laa-waa
Bruxelles (m)	บรัสเซล	bràt-sayn
Bucarest (m)	บูคาเรสต์	boo-khaa-rây̌t
Budapest (m)	บูดาเปส	boo-daa-bpàyt
Caire (m)	ไคโร	khai-roh
Calcutta (f)	คัลคัตตา	khan-khát-dtaa

Chicago (f)	ชิคาโก	chí-khaa-goh
Copenhague (f)	โคเปนเฮเกน	khoh-bpayn-hay-gayn
Dar es-Salaam (f)	ดาร์เอสซาลาม	daa àyt saa laam
Delhi (f)	เดลี	day-lee
Dubaï (f)	ดูไบ	doo-bai
Dublin (f)	ดับลิน	dàp-lin
Düsseldorf (f)	ดุสเซลดอร์ฟ	dùt-sayn-dòf
Florence (f)	ฟลอเรนซ์	flor-rayn
Francfort (f)	แฟรงคเฟิร์ท	fraeng-fêrt
Genève (f)	เจนีวา	jay-nee-waa
Hague (f)	เดอะเฮก	dùh hêyk
Hambourg (f)	แฮมเบิร์ก	haem-bèrk
Hanoi (f)	ฮานอย	haa-noi
Havane (f)	ฮาวานา	haa waa-naa
Helsinki (f)	เฮลซิงกิ	hayn-sing-gì
Hiroshima (f)	ฮิโรชิมา	hí-roh-chí-mâa
Hong Kong (m)	ฮองกง	hôrng-gong
Istanbul (f)	อิสตันบูล	ìt-dtan-boon
Jérusalem (f)	เยรูซาเลม	yay-roo-saa-laym
Kiev (f)	เคียฟ	khîaf
Kuala Lumpur (f)	กัวลาลัมเปอร์	gua-laa lam-bper
Lisbonne (f)	ลิสบอน	lít-bon
Londres (m)	ลอนดอน	lon-don
Los Angeles (f)	ลอสแอนเจลิส	lôt-aeng-jay-lít
Lyon (f)	ลียง	lee-yong
Madrid (f)	มาดริด	maa-drìt
Marseille (f)	มารกเซย	màak-soie
Mexico (f)	เม็กซิโกซิตี้	mék-sí-goh sí-dtêe
Miami (f)	ไมอามี่	mai-aa-mêe
Montréal (f)	มอนทรีออล	mon-three-on
Moscou (f)	มอสโกว	mor-sà-goh
Munich (f)	มิวนิค	miw-ník
Nairobi (f)	ไนโรบี	nai-roh-bee
Naples (f)	เนเปิลส์	nay-bpern
New York (f)	นิวยอรค	niw-yôk
Nice (f)	นิช	nít
Oslo (m)	ออสโล	òrt-loh
Ottawa (m)	อ็อตตาวา	òt-dtaa-waa
Paris (m)	ปารีส	bpaa-rêet
Pékin (m)	ปักกิ่ง	bpàk-gìng
Prague (m)	ปราก	bpràak
Rio de Janeiro (m)	ริโอเอจาเนโร	rí-oh-ay jaa-nay-roh
Rome (f)	โรม	rohm
Saint-Pétersbourg (m)	เซนต์ปีเตอร์สเบิร์ก	sayn bpì-dtèrt-bèrk
Séoul (m)	โซล	sohn
Shanghai (m)	เซี่ยงไฮ้	sîang-hái
Sidney (m)	ซิดนีย์	sít-nee
Singapour (f)	สิงคโปร์	sĭng-khá-bpoh

Stockholm (m)	สต็อกโฮล์ม	sà-dtòk-hohm
Taipei (m)	ไทเป	thai-bpay
Tokyo (m)	โตเกียว	dtoh-gieow
Toronto (m)	โตรอนโต	dtoh-ron-dtoh
Varsovie (f)	วอร์ซอว์	wor-sor
Venise (f)	เวนิส	way-nít
Vienne (f)	เวียนนา	wian-naa
Washington (f)	วอชิงตัน	wor ching dtan

www.ingramcontent.com/pod-product-compliance
Lightning Source LLC
Chambersburg PA
CBHW070554050426
42450CB00011B/2858